MÚSICA
SECRETA

Meder, Charles a partir de Kiez
LITOGRAFIA, 1840 / AKG IMAGES

Sigismund Neukomm

MÚSICA SECRETA

Minha Viagem ao Brasil

➤➤ 1816-1821 ◄◄

Texto de
ROSANA LANZELOTTE
com
JULIO BANDEIRA

Apresentação de
MANOEL CORRÊA DO LAGO

EDITORA
ARTEENSAIO
2009

PROJETO GRÁFICO
Victor Burton

ASSISTENTE DE DESIGN
Ana Paula Daudt Brandão

PESQUISA ICONOGRÁFICA
Julio Bandeira
Rosana Lanzelotte
Victor Burton

TRADUÇÕES DO ALEMÃO
Adriano de Castro Meyer
Gabrielle Schoenburg

REVISÃO
Sonia Cardoso

TRATAMENTO DE IMAGENS
Trio Studio

EDITORES
Silvana Monteiro de Carvalho
Juliana Botelho Lopes

COORDENAÇÃO EDITORIAL
Silvana Monteiro de Carvalho

IMPRESSÃO E ACABAMENTO
Gráfica Santa Marta

artensaio

Aos meus pais Dalva e Benito,
pelas mãos de quem ingressei no mundo
da música e das letras,

A Antonio Carlos,
pela leitura atenta e dedicada,

Ao saudoso José Maria Neves
pelas palavras de quem mergulhei
na viagem de Neukomm.

Agradeço
A Adriano de Castro Meyer,
pelas conversas sobre Neukomm,
a Béatrice Lagarde pelas belas
imagens francesas,
a Carlos Eduardo de Almeida Barata,
pela preciosa iconografia,
a Catherine Massip, pela acolhida na
Biblioteca Nacional da França,
a Gabrielle Schoenburg, pelo auxílio nas
pesquisas em língua alemã,
a Julio Bandeira, pelas contribuições
inéditas sobre a Missão Francesa,
a Loïc Metrope, pelos valiosos subsídios
sobre a maçonaria,
a Luis Leite, pela ajuda nas consultas
à Biblioteca de Viena,
a Manoel Corrêa do Lago, pelos
originais e palavras amigas,
a Manoel Portinari Leão,
pelos livros raros,
e a Victor Burton, pela cumplicidade.

Apresentação 9

Prefácio 15

O Adeus e a partida para o Brasil 21

Cavaleiros das Luzes 29

Cizânia na Missão Francesa 35

São João 47

Terras de Santa Cruz 53

Marcha Triunfal do Príncipe 57

Flores para o túmulo de Elisa 61

Quell'alma severa 67

Alegria Pública 71

Valerosos Lusitanos 75

Carta a um amigo europeu 79

Marcha Fúnebre 83

Saraus Noturnos 87

Carta a uma amiga europeia 91

Missa Leopoldina 95

Aclamação 99

Bailado histórico 111

Duelo de gênios 115

O Apaixonado 121

O Amor Brazileiro 127

O Retorno à Vida 133

Vida e das obras de José Haydn 137

Baile na chácara dos barões de L. 145

Um amigo de Bonaparte 153

Libera me Domine 159

Duo 163

São Francisco 167

O Herói 171

Naufrágio da Missão 177

Addio 183

Finale 187

Cronologia 193

Rugendas, Johann Moritz
Costumes de São Paulo
1835
PUBLICADO POR
ENGELMANN & CIE.,
PARIS

AO LADO:
T. D. Raulino
Vista de Heligenstadt, perto de Viena
AQUARELA, 1810
MUSEU HISTÓRICO,
VIENA

APRESENTAÇÃO

Manoel Corrêa do Lago

A estada do compositor austríaco Sigismund Neukomm no Brasil entre 1816 e 1821 é um dos capítulos mais singulares da Historia da Música no Brasil. Esse conterrâneo de Mozart, contemporâneo de Beethoven, e como este, aluno e amigo íntimo de Joseph Haydn – de quem foi o executor testamentário – chega no Brasil com uma bagagem musical quintessencialmente vienense, no extremo oposto da tradição operística italiana então dominante no mundo luso-brasileiro, cujo representante máximo em Portugal era a figura do compositor Marcos Portugal.

O ambiente musical que Neukomm encontra no Rio era marcado pela presença de duas grandes figuras: por um lado, o próprio Marcos Portugal o favorito dos *émigrés* portugueses, e por outro a figura modesta do Pe. José Mauricio Nunes Garcia, cuja grandeza Neukomm percebeu de imediato e se empenhou em valorizar: quando, em 1820, o Pe. José Mauricio rege a 1a. audição do *Requiem* de Mozart nas Americas, Neukomm escreve como

Música Secreta

Rugendas, Johann Moritz
Festa de Nossa Senhora do Rosário
GRAVURA, 1835
PUBLICADO POR ENGELMANN & CIE.,
PARIS

correspondente do mais importante jornal musical da época, o Allgemeine Musikalische Zeitung, observações que constituem o primeiro registro na imprensa estrangeira sobre um evento musical no Brasil : *[...] considero uma obrigação utilizar esta oportunidade para tornar esse homem conhecido em nosso meio cultural europeu, ele que é notado por sua grande modéstia [...] Ele tem o mais merecido direito a essa honrosa distinção, visto que sua formação é a sua própria obra. ... A execução do Requiem de Mozart não deixou nada a desejar, todos os talentos colaboraram para tornar o genial Mozart apreciado neste Novo Mundo*; anos mais tarde, reencontrando Manuel de Araujo Porto Alegre em Paris, declarava que o Pe. José Mauricio era "o maior improvisador do mundo".

Frequentador da Côrte, onde era comensal do Conde da Barca, professor das infantas e do Príncipe Dom Pedro, não deixava, ao mesmo tempo, de ser atento aos "sons das ruas", com suas modinhas e lundús. Neukomm, por um lado, escreve no Brasil um conjunto impressionante de obras — Missas, uma sinfonia, sonatas, cânones e peças de ocasião – e, por outro, harmoniza as modinhas de Joaquim Manoel da Câmara tornando-se o primeiro compositor de música de concerto a utilizar temas específicamente brasileiros: uma dezena de anos após Beethoven utilizar temas russos nos seus quartetos Razoumovski, Neukomm escreve uma Fantasia, de construção perfeitamente haydniana, utilizando como tema para variações o lundú "O Amor Brazileiro".

Neukomm representa também um caso extremamente singular no contexto da música europeia da primeira metade do sec XIX: extraordinariamente prolifico, com um catálogo de mais de 1500 obras, dificilmente terá existido compositor mais "viajante"que esse austríaco radicado na França, "europeu" *avant la lettre*, com longas passagens em Dresden, Estocolmo e Londres, e que soube viver e adaptar-se a latitudes tão extremas quanto o Rio de Janeiro e São Petersburgo.

Contrasta com sua abertura de espírito, e com a capacidade desse homem do *Ancien Régime* ligar-se de amizade com compositores tão mais jovens quanto Mendelssohn e Chopin, ter mantido, ao longo de toda sua longa vida, um estilo musical imperturbávelmente estável, o do Classicismo vienense.

O livro de Rosana Lanzelotte traz importantes luzes não só sobre o período brasileiro de Neukomm como sobre a sua personalidade multifacetada: ao situar o relato na primeira pessoa, em tom de reminiscências, o nar-

Música Secreta

Rugendas, Johann Moritz
Músicos e damas
LÁPIS E AGUADA, 1822 A 1825
COLEÇÃO J. ALMEIDA PRADO DE CASTRO,
TAUBATÉ

Música Secreta

Neukomm, Sigismund
*autógrafo a partir de 1804,
quando ingressa na maçonaria*
MANUSCRITO

rador é ao mesmo tempo o personagem que observou o Brasil às vésperas da sua Independência, e lá viveu uma experiência particularmente intensa. O livro reconstitui admiravelmente o mundo que Neukomm conheceu no Rio de Janeiro: uma Côrte onde a princesa era uma Arquiduquesa da Austria, uma estimulante comunidade de intelectuais representada pelos membros da Missão Francesa, e o ambiente musical marcado pela polarização Marcos Portugal e José Mauricio.

O plano do livro é um achado: percorrendo o catálogo de Neukomm elaborado por José Maria Neves, Rosana Lanzelotte constatou que as setenta obras nele listadas, que correspondem ao período compreendido entre a chegada de Neukomm e sua partida do Brasil, constituem uma verdadeira crônica dessa estada, pontuada pelas ocasiões às quais essas músicas se referem, e pelos personagens aos quais aludem. Rosana Lanzelotte utiliza esta crônica subliminar para ordenar e dar conteúdo a cada um dos capítulos.

Esse livro é não somente o primeiro no Brasil dedicado ao compositor, como um dos poucos até agora focalizando este grande músico cujo único *handicap* foi o de ser, na cena austríaca, um contemporâneo de gigantes como Haydn, Mozart, Beethoven e Schubert. Ele traz, sem qualquer perda de conteúdo academico (mas sem ser sobrecarregado por ele) uma contribuição notável para o conhecimento de Neukomm, de sua estada no Brasil, e do Brasil no qual viveu e amou intensamente.

Les quatre Antiennes

A LA SAINTE VIERGE

Pour trois Voix égales

Dédiées à Son Altesse Sérénissime

Madame D. Isabel Maria

Infante du Royaume uni de Portugal, Brésil
et Algarve, &tc. &tc. &tc.

Par son très humble et très obéissant Serviteur

SIGISMOND NEUKOMM,

Chevalier de l'Ordre du Christ et de la Legion d'Honneur,
Maître de Chapelle et Compositeur de Musique de S. M. T. F.,
Membre de la Société Royale de Musique de Stockholm, de la Société Philarmonique
de St. Petersbourg, de l'Académie Royale des Sciences de Paris, &c. &c.

Prix : 4.ᶠ 50.ᶜ

A PARIS, chez M.ᵉ Choron, Rue du Mont parnasse, N.º 1,
et à son Dépot Quai des Augustins, N.º 5.

PREFÁCIO

*"Espero que possa lhe escrever do Brasil
e que a minha viagem tenha o sucesso que
aguardo para o meu futuro."* [1]

Músico célebre na Europa, apontado por Haydn como seu discípulo predileto, aplaudido nas principais metrópoles do século XIX – Paris, Viena, São Petersburgo e Estocolmo – o *chevalier* Sigismund Neukomm decide se mudar para o Brasil, como anuncia na carta datada de 10 de outubro de 1815. Adepto do iluminismo e dos ideais humanistas que inspiravam também seus colegas da Colônia Lebreton (Missão Artística Francesa), tornar-se-á o espectador privilegiado do momento áureo da corte de D. João no Novo Mundo.

Expoente do estilo clássico, seu encontro com o Padre José Maurício Nunes Garcia, um dos maiores compositores brasileiros de todos os tempos, teve consequências cujos ecos podem ser até hoje ouvidos no Hino Nacional de Francisco Manuel da Silva, ex-aluno de ambos. Confrontam-se os estilos e as personalidades. Admirador do Padre mestre, Neukomm foi, como ele, discriminado pelo famoso músico português Marcos Portugal, exímio compositor de óperas, que agia muitas vezes como censor.

ltesse Sérén...

Isabel Maria

yaume uni de Portugal, Brésil

Algarve, &tc. &tc. &tc.

Par son très humble et très obéissant serviteur

SIGISMOND NEUKOMM

Chevalier de l'Ordre du Christ et de la Légion d'Honneur

Maître de Chapelle et Compositeur de Musique de S.M.T

la Société Royale de Musique de Stockholm, de la Sociè...

bourg, de l'Académie Royale des Sciences d...

Prix : 4f. 50c.

Mr Choron, Rue du...

...des lu...

Sua intimidade com o Príncipe de Talleyrand, de quem era secretário e se dizia amigo, levantou a suspeita de que prestaria serviços de espião francês, sendo os ouvidos do antigo chanceler de Napoleão e de Luís XVIII no Novo Mundo. Apesar de associado por Debret à Missão Artística Francesa, sua chegada ao Rio de Janeiro se deu na comitiva do Duque de Luxemburgo, embaixador extraordinário da França junto à Corte portuguesa. Aqui chegando, depara-se com um monarca que se cerca de música a todo instante, ora nas cerimônias litúrgicas, ora em acontecimentos históricos, aniversários, casamentos e lutos da família real. Enquanto o Real Teatro de S. João, inaugurado em 1813, era o palco de óperas estreladas por grandes cantores europeus e brasileiros, era nas ruas que o povo cantava as modinhas e lundus que deram origem à música popular de hoje, cujos temas foram pela primeira vez aproveitados por Neukomm para a música clássica.

Neste livro delineia-se um passeio pelas memórias reais e imaginárias de um personagem de importância capital para a nossa produção musical, autor da primeira sinfonia escrita no Novo Mundo, e de obras para música de câmara, gênero que aqui inaugurou. Sigismund Neukomm viveu intensamente os cinco anos do reinado de D. João VI no Brasil, transitando em meio à elite brasileira e estrangeira da época. A exemplo de seu mestre Haydn, deixou uma autobiografia – a segunda da história da música –, testemunho da relevância de que se sabia investido.

O relato e as cartas de sua autoria, pesquisadas nas bibliotecas de Salzburgo, Viena e Paris, são as principais fontes para o texto que se segue, uma crônica romanceada de seu percurso pelo Novo Mundo. A narrativa – sempre na primeira pessoa – inclui os testemunhos dos contemporâneos Padre Perereca, Luiz dos Santos Marrocos, além de outros visitantes, como Balbi, Maria Graham, Rose de Freycinet, Leithold, Arago... O roteiro segue a cronologia das obras que Neukomm escreveu no Rio de Janeiro que, muitas das vezes, emprestam o título aos capítulos, em uma crônica musical permeada de simbolismo maçônico, sociedade secreta a que o compositor, como os mais ilustres de sua época, tinha orgulho de pertencer.

1. Carta de Neukomm a Pehr Frigel, datada de 17/10/1815. Acervo do Internationale Stiftung Mozarteum, Salzburgo.

Sigismund Neukomm

MÚSICA
SECRETA

Minha Viagem ao Brasil

⇥ 1816-1821 ⇤

UX DE NEUKOMM

son depart pour l

en 1816.

aisie pour le Pia

dediée
A

moiselle Virginie de

par L'auteur.

Berlin, au Bureau des Arts et d'Industrie

O Adeus e a partida para o Brasil

1º DE MARÇO, 1816

Com os ferros finalmente içados, a fragata *L'Hermione* de Sua Majestade Cristianíssima o Rei Luís XVIII enfunou suas velas, deixando o porto militar de Brest, na Bretanha, para dirigir-se, pela rota que o célebre Jean Cousin[1] havia aberto, ao Rio de Janeiro. Era o dia 2 de abril no ano da graça do Senhor de 1816. Assaltaram-me ansiedade e excitação enquanto pensava no que encontraria do outro lado do Atlântico...

Depois de deixar Salzburgo, onde nasci, e a civilizada Viena, viajei por numerosas cidades – quatro anos na magnífica Corte de São Petersburgo, seguida por estadas em Estocolmo, Berlim, Dresden, Leipzig, Munique, Basileia. Em 1809 acabei, finalmente, por radicar-me em Paris, onde ocupei o posto de pianista do poderoso Príncipe de Talleyrand. Pensar que, seis anos depois, embarcava num périplo que me levaria através do Mar Oceano, pela primeira vez, para longe do continente europeu!

Foi com uma peça em forma de fantasia que me despedi de meus amigos – o "Adeus"–, escrita durante os últimos dias passados em Saint-Malo, frente à estátua do corsário Duguay Trouin – um herói para os franceses –, que, cem anos atrás, se fizera ao mar para sequestrar e saquear a cidade do Rio de Janeiro. Iniciei a obra na tonalidade de mi menor, melodia descendente, hesitante, como a interrogação que me perpassa o íntimo. Desenhei com harmonias dissonantes os percalços que, imagino, vão nos atingir durante a travessia oceânica. Mas fui terminá-la em mi maior, otimista, com o desenho melódico ascendente, como o futuro imaginado para o continente que vou conhecer.

Os planos para a viagem datam de algum tempo... Após a perda de meus queridos pais, a morte acabou por arrancar-me também a afetuosa e amada irmã Elisa. Sentia a necessidade premente de afastar-me por algum tempo do cotidiano, para revigorar-me e fortificar-me com experiências novas e estrangeiras. Fui atraído pelo sublime e exótico encanto do novo mundo do sul e pela promessa de uma vida que se oferecia tão distinta para um europeu, como a do Rio de Janeiro, com a sua esplendorosa Corte.[2]

Vários de meus confrades artistas maçons para lá se haviam deslocado, por iniciativa de Le Breton, venerável da mui distinta loja da Grande Esfinge, constituída por ele e seus colegas da expedição napoleônica ao Egito, loja que costumo frequentar em Paris. Esperava-se que eu tivesse embarcado com eles no brigue americano *Calpe*, mas preferi aproveitar-me da vantajosa oferta feita pelo Duque de Luxemburgo,[3] para acompanhá-lo ao Rio de Janeiro, para onde se deslocava na qualidade de Embaixador Extraordinário, encarregado de felicitar João VI por sua ascensão ao trono, vago após a morte de sua mãe a Rainha Maria I.[4] A presença na comitiva do Embaixador revestia a minha chegada de lustro excepcional, ao lado de homens admiráveis como o botânico Auguste de Saint-Hilaire e o diplomata e desenhista Charles, conde de Clarac, futuro autor da célebre *Floresta do Brasil* tão admirada pelo grande Humboldt.

Presumo que o Rei Luís XVIII tenha nomeado como embaixador junto à Corte portuguesa o Duque de Montmorency-Luxemburgo pelo fato de ali residir sua irmã – a duquesa de Cadaval. A união das duas famílias ducais foi quase uma aliança dinástica, uma vez que os Cadaval eram, como os Luxemburgo, os primeiros pares do Reino. A duquesa transmigrara-se para o Rio de Janeiro com Sua Alteza Real o Príncipe Regente D. João, na comitiva da Rai-

Música Secreta

Sutherland, T. *Hermione*
GRAVURA AQUARELADA, C. 1800
COLEÇÃO PARTICULAR,
LONDRES

nha Dona Maria I, prima de seu marido. Mal aportados à Baía, a pobre duquesa ficara viúva devido ao passamento do marido, sucumbido por doenças tropicais. Vivia na Corte do Rio de Janeiro em companhia dos filhos e aguardava a chegada do irmão, que a escoltaria de volta à Europa.

O embaixador determinara uma escala em Lisboa, onde chegamos no dia 7, para coletar documentos necessários à sua irmã. Ali permanecemos por cerca de 14 dias, por causa dos ventos contrários, e prosseguimos viagem no dia 20 de abril ao romper do dia. Fiz-me ouvir em vários salões, tocando fantasias livres no piano-forte, e recebi em toda a parte aplausos e excepcional acolhimento. Compus em Lisboa um *pater noster* e uma ave-maria para dois tenores e baixo sem acompanhamento, e um *salve-regina* para soprano, tenor e baixo, que eu mesmo acompanhei utilizando-me do órgão expressivo[5] por mim transportado. Os poucos entendidos expressaram o desejo de que eu ficasse em Lisboa, encarregado da música de igreja, que se encontrava tão descurada.[6] Dedicava-me à música religiosa desde a iniciação maçônica em São Petersburgo e já contava em meu catálogo com diversos Motetos, Hinos, e 3 Missas, sem contar a Grande Missa de Réquiem em homenagem a Luís XIV e o *Te Deum* tocado na igreja de Notre Dame, diante de toda a família real, no momento da entrada solene do Rei Luís XVIII em Paris em maio de 1814.[7]

Retomamos o trajeto para as ilhas da Madeira e Tenerife, onde visitamos respectivamente as cidades de Funchal e Santa Cruz. Como o meu pai habituara-me a nunca perder um só minuto, aproveitei a travessia para compor diversas obras para a Igreja:[8] homenageei a Santa Cruz no dia de sua festa em 3 de maio com *In festo Inventionis St. Crucis* e supliquei pela nossa salvação com os motetos "Meu Deus, amanheço junto a ti", "O Senhor se fez meu refúgio", "Em ti esperam os olhos de todos". Escrevi ainda marchas e peças para a banda militar da fragata, entre elas *La Blosseville*, em que três clarinetas materializam o triângulo da perfeição, como os três pontos com que nós, os maçons, marcamos nossos autógrafos. O imortal Mozart, também nascido em Salzburgo em uma casa vizinha à nossa, fez da clarineta, fruto do gênio do homem moderno, um de nossos símbolos secretos, o instrumento do irmão Stadler, ao qual dedicou o inesquecível concerto.

Talvez fosse essa a missão que me levava à terra de Santa Cruz, a de transportar a luz do gênio de Papai Haydn, a que o havia inspirado em sua obra-prima, *A Criação*, aos habitantes daquela longínqua terra.

1. Jean Cousin foi um navegador francês do final do século XV que, numa tese defendida pelo historiador Paul Gaffarel, teria chegado ao Brasil em 1488.
2. Rochlitz, Friedrich. "Für Freunde der Tonkunst", Leipzig, 1830.
3. Seu nome completo era Charles-Emmanuel-Sigismond de Montmorency-Luxembourg (1774–1861), décimo primeiro e úlltiimo duque de Piney-Luxembourg, quinto e último duque de Châtillon, irmão da duquesa de Cadaval. Embaixador, que viera receber a restituição de Caiena na Guiana, conhecia bem a Corte de Lisboa, onde se exilara durante a Revolução francesa.
4. Neukomm, S. Esquisse Biographique écrite par lui-même, *La Maîtrise*, Paris: Typographie Charles de Mougues. Frères, 1859.
5. Antepassado do harmônio inventado em 1810 por Gabriel-Joseph Grenié.
6. *Allgemeine Musicalische Zeitung*, 26/6/1816.
7. Neukomm, S. Esquisse Biographique écrite par lui-même, *La Maîtrise*, Paris: Typographie Charles de Mougues. Frères, 1859.
8. Neukomm, S. Esquisse Biographique écrite par lui-même, *La Maîtrise*, Paris: Typographie Charles de Mougues. Frères, 1859.

LES ADIEUX DE NEUKOMM À SES AMIS

lors de son départ pour le Brésil

en 1816.

Fantaisie pour le Piano-Forte

dédiée
À

Mademoiselle Virginie de Bachelier

par L'auteur.

Berlin, au Bureau des Arts et d'Industrie.

Neukomm, Sigismund
Les Adieux à ses amis lors de son départ pour le Brésil
PARTITURA IMPRESSA, 1816
PUBLICADA POR BUREAU DES ARTS ET D'INDUSTRIE, BERLIM
COLEÇÃO MANOEL CORRÊA DO LAGO

❋

PÁGINA 21:
Martens, Conrad
Entrada da baía do Rio de Janeiro
AQUARELA, 1833
COLEÇÃO KERRY STOKES,
PERTH

Earle, Augustus
Vista do cume do Corcovado
AQUARELA, 1822
BIBLIOTECA NACIONAL,
AUSTRÁLIA

AO LADO:
Martens, Conrad
Pão de Açúcar e Corcovado
AQUARELA, 1833
COLEÇÃO KERRY STOKES,
PERTH

Cavaleiros das Luzes

A tingimos a baía do Rio de Janeiro em fins de maio, quando o clima já se tornara clemente. Embora ainda bastante úmida, passei a ansiar todos os anos por esta estação arrefecida. O deslumbramento tomou conta de mim, como de outros que antes aportaram naquela baía, quando vi o lagamar cercado de montanhas de granito cobertas por matas verdes. Prosternei-me em contemplação dessa beleza pitoresca, onde cada raio de sol desvelava sublimes tonalidades de extraordinária beleza.

O Príncipe Talleyrand fizera-me viajar de posse de uma carta de recomendação endereçada ao Conde da Barca, D. Antonio de Araújo e Azevedo, com quem havia estado intimamente ligado quando do período em que este foi Embaixador de Portugal em Paris. Esta recomendação mostrou-se muito útil depois. Trata-se de um homem de mente esclarecida, dotado de grandes conhecimentos,[1] sendo, sem dúvida, um dos maiores intelectuais de seu tempo. Havia sido ministro plenipotenciário de Portugal junto à Corte de São Petersburgo entre 1801 e 1804, quando nos conhecemos de relance, em meio à fraternidade maçônica, tendo a minha partida praticamente coincidido com a sua instalação naquela corte.

Traço em poucas palavras as realizações desse homem que, uma vez ciente de que Portugal nunca teria efetivos humanos e recursos materiais para enfrentar uma guerra contra a França, buscou costurar *à tout prix* junto a Talleyrand, a neutralidade e, assim, evitar a chacina que já dizimara milhares de espanhóis. Devido à sua posição contrária à guerra foi injustamente apelidado de "o afrancesado" e caiu em quase desgraça nos meios aristocráticos portugueses, mantendo-se em voluntário ostracismo. Às vésperas, contudo, da invasão francesa, foi um dos que, para que a Majestade de Portugal não se sujeitasse ao Imperador dos franceses, planejara a transferência da Corte para o Brasil, com o que a soberania portuguesa, ao contrário de quase todas as potências europeias, foi mantida em seu imenso império onde o Sol nunca se põe. A despeito de vozes contrárias, D. João sempre soube valorizar o talento e o caráter de Araújo e Azevedo, seu principal conselheiro, trazendo-o para o Brasil, onde ficou nas sombras do poder até a morte de seu êmulo o Conde de Linhares[2] e a ascensão, em 1814, do Marquês de Aguiar,[3] seu aliado no ideal de elevar o Brasil a Reino Unido. Este feito granjeou-lhe a estima do ainda Príncipe Regente Dom João que o fez Conde da Barca, em dezembro de 1815, no idêntico momento em que o Brasil deixava legitimamente de ser colônia de Portugal e se juntava ao rol das nações independentes.

Deve-se a ele, também, a primeira tipografia brasileira,[4] montada no quintal de sua casa, iniciativa que originou o nascimento da Impressão Régia no Brasil. Isto porque, previdente, trouxera em sua bagagem pessoal a bordo do *Meduza* os tipos e prelos ingleses acabados de chegar a Lisboa para aparelhar a Secretaria dos Negócios Estrangeiros e da Guerra, e que ainda se encontravam encaixotados quando da transmigração da corte em novembro de 1807. A sua biblioteca foi, outrossim, uma das mais ricas que conheci, com mais de seis mil volumes, e, naturalista amador, organizou um jardim botânico chamado propriamente de *Hortus Araujensis*, objeto de catalogação pelo jovem Ferdinand Denis[5] no ano em que cheguei.

É ao Conde da Barca que se deve, sobretudo, a criação do já referido Reino Unido de Portugal e Brasil, convicto de que a presença do Rei é ne-

Pradier, Charles Simon
*Conde da Barca —
retrato com símbolos maçônicos*
GRAVURA, 1817
COLEÇÃO PARTICULAR

cessária para manter a unidade deste território e afastar o perigo de uma separação que só a dinastia poderia impedir. Ainda pior, sabia do vírus jacobino que tomava as antigas colônias do rei da Espanha fazendo delas repúblicas. Ao mesmo tempo, achava que chegara o momento de dotar a nova Corte de uma Escola de Artes e Ofícios e, por esse motivo, foi buscar na França os mestres dessa Academia organizada pelo meu amigo Joachim Le Breton e seus ilustres confrades, o pintor De Bret, os irmãos Taunay, o arquiteto Grandjean de Montigny e o gravador Charles Simon Pradier, entre tantos outros, numa verdadeira caravana das artes francesas.

Recebeu-me o Conde da Barca com notável benevolência, e quando, algumas semanas após nossa chegada, o Duque de Luxemburgo decidiu retornar à França, propôs-me ficar no Rio de Janeiro, oferecendo-me hospedagem. "Temos a esperança, disse-me, de fundar um novo império neste Novo-Mundo, e você terá grande interesse em ser testemunha deste período de desenvolvimento." Aceitei sem pestanejar sua generosa oferta e instalei-me confortavelmente em sua residência, um espaçoso sobrado em frente ao Passeio Público.

Ele era como eu, solteiro, e tinha como única companhia um amigo de idade, o Dr. Carvalho, homem muito distinto, médico da infanta Dona Isabel Maria.[6] O doutor Manoel Luiz Álvares de Carvalho, de quem me tornei também amigo, era conselheiro do Rei, além de médico e filósofo, tendo inspirado, ainda na Baía, a criação da primeira Escola de Medicina do país. Conheceram-se o Conde e o Dr. Carvalho quando este, oriundo da antiga capital Salvador da Baía, partiu para estudar em Coimbra em fins do século passado. Desde então, não mais se separaram e embarcaram juntos para o Brasil na comitiva de D. João.

Atendendo ao pedido do Conde da Barca, o Rei concedeu-me honorários mais do que suficientes para minhas despesas, sem encarregar-me de função alguma a não ser a de tocar, quando para tal me solicitassem. Cedo me apercebi de que meus préstimos seriam deveras valiosos enquanto mestre de música do Príncipe Real, ele mesmo talentoso pianista e compositor, e de suas irmãs. E, ciente do gosto do monarca pela arte da música, tratei de homenageá-lo com as minhas obras sempre que tive essa oportunidade. D. João venerava, da mesma forma que o Conde da Barca, Mozart, Haydn, Beethoven e eu, o Grande Arquiteto do Universo, aquele que inspira todas as formas mais elevadas da arte. No seio da fraternidade maçônica, os intelectuais de nosso tempo podem professar os ideais humanistas e defender a liberdade de pensamento, o repúdio a todas as formas de fanatismo, sem por isso se afastarem da Igreja. Para os trabalhos das lojas, dedicamos o melhor de nossos talentos, como quando ingressei na dos Cavaleiros da Cruz e escrevi a *Cantata* para a festa de SS.MM.II.RR., celebrada em 16 de agosto de 1810 na Loja Real dos Cavaleiros da Cruz, seguida por uma refeição oferecida aos anciãos designados pelas municipalidades de Paris. Assim como o irmão Auguste-Savinien Le Blond, autor do texto da *Cantata*, e outros veneráveis daquela Irmandade, passei a merecer o tratamento de 'Cavaleiro'.[7]

1. Neukomm, S. Esquisse Biographique écrite par lui-même, *La Maîtrise*, Paris: Typographie Charles de Mougues. Frères, 1859.

2. Rodrigo Domingos de Sousa Coutinho, primeiro Conde de Linhares (Chaves, 4 de agosto de 1755 – Rio de Janeiro, 26 de janeiro de 1812), era o chefe da corrente anglófila na Corte Portuguesa.

3. Fernando José de Portugal e Castro, primeiro conde e segundo marquês de Aguiar (Lisboa, 4 de dezembro de 1752 – Rio de *Janeiro*, 24 de janeiro de 1817).

4. Houve duas tentativas em 1706 e 1746 de criação de oficinas tipográficas, ambas logo proibidas pela Coroa. Ver Sodré, Nelson Werneck. *A história da imprensa no Brasil*, Rio de Janeiro: Civilização Brasileira, 1966, pp. 20–22.

5. Jean-Ferdinand Denis (13 de agosto de 1798, Paris – 1º de agosto de 1890, Paris) viajante, historiador e escritor francês especialista em história do Brasil, local onde residiu nos anos 1816–1819.

6. Neukomm, S. Esquisse Biographique écrite par lui-même, *La Maîtrise*, Paris: Typographie Charles de Mougues. Frères, 1859.

7. Neukomm, S. Catálogo manuscrito copiado por seu irmão Anton Neukomm, Biblioteca Nacional da França Ms. 8328.

Debret, Jean-Baptiste
Cerimônia da pedra fundamental do palácio do Senhor Duque de Cadaval no Rio de Janeiro em 14 de Janeiro (sic.) de 1816 (detalhe)
AQUARELA, 1816
COLEÇÃO PARTICULAR

AO LADO:
Debret, Jean-Baptiste
Grupo de franceses no Rio de Janeiro
AQUARELA, 1817–1827
MUSEUS CASTRO MAYA,
RIO DE JANEIRO

Cizânia na Missão Francesa

F oi para mim uma sensação deveras insólita reencontrar no Rio de Janeiro De Bret, Grandjean de Montigny, Le Breton e os dois Taunays, pintor e escultor. Cada qual com sua vaidade, eram, sobretudo os dois primeiros, dedicados aos ideais do Império e admiradores de Napoleão. Eu havia tido, desde o início, participação pessoal na vinda para o Brasil de meu amigo Le Breton, emissário que fui do apoio à iniciativa por parte do meu protetor o Príncipe de Talleyrand que, após ter sugerido a criação do Reino Unido de Portugal e Brasil, cuidava para que o novo reino falasse francês, e não inglês.

Ao longo de todo o segundo semestre de 1815, havia sido orquestrada por D. Antonio de Araújo e Azevedo a criação do primeiro reino do Novo Mundo, o qual almejava dotar do maior lustro das artes, para o que idealizou a expedição cultural francesa.

O Chevalier Le Breton havia preparado a missão cultural com toda a fleuma característica dos franceses que sobreviveram ao sorvedouro da Revolução,

Anônimo
Louis XVIII e sua família
GRAVURA AQUARELADA, C. 1830
COLEÇÃO PARTICULAR,
PARIS

às glórias do Império e ao concerto da Restauração. As negociações realizaram-se em um tempo impecável. Apesar de todos os recrutados serem, em maior ou menor grau, admiradores de Bonaparte, por quem nunca nutri grandes simpatias, iriam agora servir à França do Rei Luís XVIII, cuja generosidade conheci pessoalmente, ao trabalhar para a Corte dos Bragança no Rio de Janeiro. A sorte lhes parecia sorrir quando desembarcaram em 26 de março de 1816, na semana em que havia falecido a rainha e um Novo Reino se anunciava.

Os portugueses souberam negociar bem os custos da vinda dos franceses, tendo sido difícil para Le Breton conseguir os dez mil francos ouro de que necessitava para a passagem do restante da colônia de artistas e artesãos e a compra de alguns equipamentos. O Cavaleiro Francisco José Maria de Brito, secretário da Embaixada portuguesa em Paris e o futuro Conde da Barca foram duros nas negociações, tendo o pintor Taunay sido forçado a arcar com

Música Secreta

sua passagem e as de sua considerável família. Zarparam no dia 22 de janeiro a bordo de um três mastros de bandeira convenientemente americana, o brigue *Calpe*, armado em Nova York.

Tudo isso havia sido arranjado na mais absoluta discrição, e minha vinda teria permanecido nas sombras não fosse por uma indiscrição da *Gazeta do Rio de Janeiro*, que por um equívoco noticiou minha chegada com os outros no dia 26 de março, quando eu ainda me encontrava em França, uma semana antes de meu embarque na *Hermione*! A *Gazeta*, publicação oficial da Corte, não contente de escrever errado o nome do navio, colocou-me na lista dos companheiros de Le Breton. Reproduzo aqui a notícia publicada em 6 de abril de 1816:

"No navio Americano Calphe (sic) chegaram do Havre de Grace a este porto as pessoas abaixo nomeadas (a maioria das quais são Artistas de profissão) e que vem residir nesta Capital: Joaquim Le Breton, Secretário perpétuo da Classe de Belas Artes do Instituto Real de França, Cavaleiro da Legião de Honra. Taunay [Nicolau Antonio], Pintor, Membro do mesmo Instituto trazendo sua mulher e 5 filhos. Taunay [Augusto] Escultor, e traz consigo um aprendiz. De Bret [J. – B.], Pintor de História e decoração. Grandjean de Montigny [Augusto – Henrique – Victor], Arquiteto, traz sua mulher, 4 filhos, 2 discípulos e um criado. Pradier, Gravador em pintura e miniatura, trazendo sua mulher, uma criança e uma cria-

Debret, Jean-Baptiste
*Parte da costa do Rio de Janeiro
conhecida pelo nome de Gigante Deitado(detalhe)*
AQUARELA, 1816
MUSEUS CASTRO MAYA,
RIO DE JANEIRO

da. Ovide, Maquinista, trazendo em sua companhia um Serralheiro com seu filho e um Carpinteiro de Carros. Neukhomm [Sigismund], Compositor de Música, excelente Organista e Pianista, e o mais distinto discípulo de Haydn. João Baptista Level, Empreiteiro de Obras de ferraria. Nicolao Magloire Enout, Oficial Serralheiro. Pilit, Curador de peles e Curtidor. Fabre, o mesmo. Luiz Jose Roy, Carpinteiro de Carros. Hypolite Roy, filho do precedente e do mesmo mister."

Mas ninguém pareceu notar a minha ausência e muito menos se perguntar o que um austríaco, "Compositor de Música, excelente Organista e Pianista, e o mais distinto discípulo de Haydn" fazia nessa caravana de artistas e artesãos franceses de Le Breton. Agradeço mesmo assim ao M. De Bret, que em seu livro me chama do "colega e amigo Newcom!!!".

Recém chegados, Suas Majestades concederam aos cavaleiros Le Breton e De Bret a honra de que a elas fossem apresentados. A De Bret foi comissionado, inclusive, seus retratos, juntamente com o dos príncipes reais e infantas, além da Senhora Duquesa de Cadaval, irmã do Embaixador-Duque de Luxemburgo.

Qual não foi minha surpresa, ao chegar ao Rio de Janeiro e encontrar o amigo Le Breton na mais profunda aflição. Havia passado de *persona grata* e arquiteto intelectual de uma futura Academia de Belas-Artes no Novo Mundo, a regicida e padre renegado. Essas duas falsidades se espalharam como fogo numa Corte profundamente anglófila e ainda coberta de nojo pela morte recente de Sua Majestade a Rainha Maria I.[1] Exceto pelo pintor Taunay, que sempre me incomodou com seus óculos opacos de cristal de rocha, e sua prole, os demais franceses, inclusive o sensível Auguste Taunay, estavam mergulhados num mar de abatimento. A caixa desesperadora da calúnia havia sido aberta e eles buscavam respirar num mar de fel, cujas ondas pareciam afogar toda a esperança e todo o projeto de uma Corte francesa no Brasil.

Não se sabe ao certo quem foi o verdadeiro o artífice da calúnia, quem merece o papel do intrigante "Dom Basílio", como M. De Bret não cessa de chamar M. (Nicolas-Antoine) Taunay, pois está convencido de que foi um dos autores,[2] mancomunado com o Cônsul Maler. Isso tudo mais me parece uma ópera bufa como o Fígaro do grande Mozart. Mas, como o famoso personagem de M. de Beaumarchais[3] – que o jovem Rossini[4] traduziu recentemente em música no seu *Il Barbiere* –, o "Dom Basílio" fizera a brisa virar ventania: *"La calunnia è un venticello muda al vento assaz gentile"*. Basta sussurrar...

-+- 38 -+-

Normand, Charles-Victor
a partir de François Gérard
Joachim Le Breton
GRAVURA, 1891
BIBLIOTECA DO INSTITUTO,
PARIS

É tentador parodiar os versos de Beaumarchais para descrever com o que nos deparamos ao chegarmos ao Rio de Janeiro:

"aquilo que foi um leve sonido, que silva o chão como a andorinha antes da tempestade, solta um pianíssimo murmúrio e desaparece, semeando com ligereza a frase envenenada, havia crescido. Uma boca o recolhera e, piano, piano, o fez escorregar no ouvido indicado. O mal está feito, ele germina, brota, cresce, cada vez mais forte de boca em boca, diabólico; e de repente, sem saber como, a Calúnia se levanta, assoviando, inchando a olhos vistos; ela então se projeta em seu voo, arrancando em turbilhões, a tudo abraça e arrasta, rompe trovejando, tornando-se, ninguém sabe como, a grita geral, num crescendo público, num coro universal de ódio e banimento".

O mais espantoso foi o envolvimento do representante francês no papel de andorinha. Esse tal Maler, que acumulava junto com o cargo de encarregado de negócios e cônsul da França a patente de coronel no exército português, esteve seriamente envolvido no *affaire*. E isso apesar de ter recebido do Duque de Richelieu,[5] substituto do Príncipe de Talleyrand como ministro dos Negócios Estrangeiros, e sabedor da importância da Missão Le Breton, instruções expressas no sentido de dar proteção e auxílio aos seus patrícios. Sua natureza, como já vimos, era mais forte que sua inteligência, e Napoleão e o Brasil estavam entre os seus fantasmas, quando afirmava que "a vontade do Sr. da Barca é sacrificar Portugal, ver quebrarem-se todos os laços europeus e a substituir tudo isso pela nova ordem de coisas na América".[6]

Esse Jean-Baptiste Maler[7] havia obtido o cargo de cônsul da França em 1814 em Lisboa, graças ao Vicomte Lainé,[8] um protegido do Príncipe de Talleyrand. Ao que parece, ele teria imigrado em 1792, sem que se saiba por que, uma vez que não era nem rico nem nobre. Foi para Portugal, onde se juntou ao exército. A mãe morrera na travessia para o Rio de Janeiro e sua proverbial avareza, dizem, provém da necessidade imperiosa que tem em dotar as quatro irmãs solteironas, cuja mais nova está quase com 40 anos de idade.

A Revolução fez dele um fanático e o tolo não percebeu que indo contra o Chevalier Le Breton estaria também indo contra os interesses da França. Como disse uma vez madame de Freycinet,[9] a esposa do comandante da corveta *Uranie*: Maler era um imbecil.

Música Secreta

Taunay, Nicolas Antoine
Auto-retrato
LÁPIS E AQUARELA
MUSEU NACIONAL DE BELAS ARTES/IPHAN,
RIO DE JANEIRO

Foi preciso uma atuação enérgica do embaixador-duque e de sua irmã, a Senhora Duquesa de Cadaval, prima de Sua Majestade, fazendo coro à determinação do Conde da Barca, para que a proscrição fosse esquecida.[10] Foi com alegria que assistimos à reabilitação de Le Breton confirmada pelo decreto real de 12 de agosto de 1816, assinado ainda pelo Marquês de Aguiar, que reproduzo na íntegra com as respectivas pensões reais e o aportuguesamento dos nomes:

"Atendendo ao bem comum, que provêm aos meus fiéis vassalos, de se estabelecer no Brasil uma Escola Real de Ciências, Artes e Ofícios, em que se promova e difunda a instrução e conhecimentos indispensáveis aos homens destinados não só aos Empregos Públicos da Administração do Estado, mas também ao progresso da Agricultura, Mineralogia, Indústria e Comércio, de que resulta a subsistência, comodidade e civilização dos povos, maiormente neste continente, cuja extensão, não tendo o devido e correspondente número de braços indispensáveis ao amanho e aproveitamento do terreno, precisa de grandes socorros da prática para aproveitar os produtos, cujo valor e preciosidade podem vir a formar do Brasil o mais rico e opulento dos Reinos conhecidos, fazendo-se, portanto, necessário aos habitantes o estudo das Belas-Artes com aplicação e referência aos ofícios mecânicos, cuja prática, perfeição e utilidade depende dos conhecimentos teóricos daquelas artes, e difusivas luzes das ciências naturais, físicas e exatas; e querendo, para tão úteis fins aproveitar, desde já, a capacidade, habilidade e ciência de alguns dos estrangeiros beneméritos que têm buscado a Minha Real e Graciosa Proteção, para serem empregados no ensino da instrução pública daquelas artes: Hei por bem, e mesmo enquanto as aulas daquelas artes e ofícios não formam a parte integrante da dita Escola Real de Ciências, Artes e Ofícios que Eu Houver de Mandar estabelecer, se pague anualmente por quartéis a cada uma das pessoas declaradas na relação inserta neste Meu Real decreto, e assinada por Meu ministro e Secretário de Estado dos Negócios Estrangeiros e da Guerra, a soma de oito contos e trinta e dois mil réis em que importam as pensões, de que, por um efeito de Minha Real Munificência e Paternal zelo pelo bem público deste Reino, lhes faço mercê para a sua subsistência, pagos pelo Real Erário, cumprindo desde logo, cada um dos ditos pensionários com as obrigações, encargos, estipulações que devem fazer base do contrato que, ao menos pelo tempo de seis anos, hão de assinar, obrigando-se a cumprir quanto for tendente ao fim da pro-

Música Secreta

J. B. DEBRET.
Premier Peintre et Professeur de la classe de peinture d'histoire de l'Academie Impériale des Beaux Arts de Rio de Janeiro. El Peintre particulier de S. M. l'Empereur du Brésil. Membre Correspondant de la classe des Beaux-arts de l'Institut royal de France, et Chevalier de l'ordre du Christ.

Debret, Jean-Baptiste
Auto-retrato
GRAVURA, 1839
VIAGEM PITORESCA, FIRMIN DIDOT,
PARIS

43

posta Instrução Nacional das Belas Artes aplicadas à indústria, melhoramento e progresso das outras artes e ofícios mecânicos. O Marquês de Aguiar, et coetera Palácio do Rio de Janeiro, em 12 de agosto de 1816. Com a rubrica de El Rei Nosso Senhor. Cumpra-se e registre-se. Rio de Janeiro, 22 de outubro de 1816. Com a rubrica do Exmo. Presidente do Real Erário. Relação das pessoas a quem, por decreto desta data, manda Sua Majestade, por um efeito de Real Munificência, dar as pensões anuais abaixo declaradas:

Ao Cavalheiro Joaquim Le Breton	*1:600$000*
Pedro Dillon	*800$000*
João Batista De Bret, pintor de história	*800$000*
Nicolau Antônio Taunay, pintor	*800$000*
Augusto Taunay, escultor	*800$000*
Augusto Henrique Vitório Grand Jean, Arquiteto	*800$000*
Simão Pradier, Gravador	*800$000*
Francisco Ovide	*800$000*
Carlos Henrique Levavasseur	*320$000*
Luís Sinforiano Meunié	*320$000*
Francisco Bonrepos	*192$000*

Meu nome não consta dessa lista inicial dos pensionários. Porém o Conde da Barca obteve junto à Sua Majestade uma pensão para mim de 800$000.[11] Tudo parece pronto para que meu amigo Le Breton realize seu sonho de fundar no Rio de Janeiro o equivalente aprimorado da Academia de las Nobles Artes de San Carlos de la Nueva España, inaugurada em 1783 no México, que tanto maravilhara o M. de Humboldt que a cobriu de elogios em 1811 no seu *Essai politique sur le Royaume de la Nouvelle Espagne.*

1. O relato a seguir teve por base uma carta de Jean-Baptiste De Bret a Maximilien Delafontaine, datada de 27 de novembro de 1816, na qual o pintor narra as insídias que cercaram o estabelecimento da primitiva Escola Real de Artes e Ofícios no Rio de Janeiro. Ver original em francês em Jouve, Claudine Lebrun. *Nicolas-Antoine Taunay, 1755–1830,* Paris: Arthena, 2003, pp. 399–40, além dos livros Taunay, Afonso de E. *A Missão Artística de 1816,* Brasília: Editora Uni-

versidade de Brasília, 1983; Bandeira, Julio *et al.*, *A Missão Francesa*, Rio de Janeiro: Sextante, 2003; Bandeira, Julio e Correa do Lago, Pedro. *De Bret e o Brasil, obra completa*, Rio de Janeiro: Capivara, 2007; Schwarz, Lilia Moritz. *O sol do Brasil*, São Paulo: Cia. das Letras, 2003; e Correa do Lago, Pedro. *Taunay e o Brasil, obra completa*, Rio de Janeiro: Capivara, 2008.

2. Em carta ao arquiteto Jean-Antoine Alavoine, datada de 27 de outubro de 1817, Nicolas-Antoine Taunay reafirma, referindo-se uma carta anterior desaparecida, que a cizânia atingiu mesmo a sua família, i.e., o irmão Auguste, e decide se isolar dos outros franceses. Ver Jouve, op. cit., pp. 400–401.

3. Pierre-Augustin Caron de Beaumarchais (Paris, 1732–1799) dramaturgo, músico, inventor e espião.

4. Gioachino Antonio Rossini (Pesaro, 1792-Paris, 1868) tinha acabado de estrear sua famosa ópera *O barbeiro de Sevilha* em 20 de fevereiro de 1816, em Roma, no Teatro Argentina.

5. Armand Emmanuel de Vignerot du Plessis, duque de Richelieu (1766–1822) ex-governador de Odessa em 1803, promoveu por 11 anos o desenvolvimento da indústria e das artes na Crimeia, substituiu Talleyrand no Ministério dos Negócios Estrangeiros, foi membro da cadeira n. 3 da Academia de Belas Artes em 1817.

6. Ofício ao duque de Richelieu, de 11 de junho de 1817, Correspondência Diplomática. Arquivo do Itamaraty.

7. As instruções que José Bonifácio daria em 12 de agosto de 1822 ao primeiro encarregado de negócios do ainda Reino do Brasil na França, Manuel Rodrigues Gameiro Pessoa, demonstram claramente a antipatia entre Maler e o Brasil: "(…) desde já fica autorizado para requerer a retirada do cônsul João Baptista Maler, que pela sua péssima conduta e sentimentos contrários ao Sistema Brasileiro tem desagradado ao Governo (…) devendo ficar prevenido de que o mesmo Maler, se não for mudado, receberá passaportes para deixar esta Corte". A França, contudo, só reconheceria a independência do Brasil em 26 de outubro de 1825, por intermédio do conde de Gestas, que, como os Taunay, morou no Alto da Tijuca, e sucedeu a Maler em 1822.

8. Joseph Henri Joachim, visconde Lainé (Bordeaux, 1768 – Paris, 1835)

9. Ver Rivière, Marc Serge. *A Woman of Courage, The Journal of Rose de Freycinet on Her Voyage around the World 1817–1820*, Camberra: National Library, 2003, pp. 11–14.

10. Ver Morales de los Rios Filho, A. *Grandjean de Montigny e a evolução da arte brasileira*, Rio de Janeiro: A Noite, 1941, pp. 32–3.

11. Equivalente a R$ 80.000,00 em moeda corrente.

Debret, Jean-Baptiste
Estudo para retrato de D. João VI no desembarque de D. Leopoldina
AQUARELA, 1817
COLEÇÃO GEYER, MUSEU IMPERIAL,
RIO DE JANEIRO

AO LADO:
Debret, Jean-Baptiste
Cortejo de batismo de D. Maria da Glória
GRAVURA, 1839
PRANCHA 44 VOL. 3
VIAGEM PITORESCA,
FIRMIN DIDOT,
PARIS

São João

28 DE JULHO, 1816

O breve contato travado com a música que se fazia em Portugal, por ocasião de minha escala de 14 dias em Lisboa a caminho do Rio de Janeiro, havia sido suficiente para que eu pudesse apreciar a influência preponderante do gosto napolitano na música local. Desde o início do século passado, quando subiu ao trono, D. João V – bisavô do atual rei D. João VI – havia decidido romper com séculos de influência espanhola e promovera a italianização da Corte portuguesa. Não mediu esforços e riquezas para importar Scarlatti e David Perez[1] e, enquanto os nobres franceses dançavam o *ballet de cour*, o bel canto era transportado a Lisboa não apenas para o teatro, mas também para, pasmem, a liturgia da missa!

Os portugueses, como todos os europeus do Sul, possuem talento e inclinação para a música; mas só para a sua própria, e menos que tudo para a dos nórdicos, nomeadamente dos alemães, na verdade para esta talvez ainda menos do que os seus vizinhos mais próximos. Para eles, a música serve apenas para emocioná-los ligeiramente, para lhes fornecer estímulos agradáveis e para diverti-los; assim o querem a sua natureza, os seus hábitos e a sua quase total ausência de uma verdadeira formação nesta arte. Desse modo, quase que só gostam da melodia, sobretudo da melodia leve e um pouco superficial, que brinca com a alegria e com a tristeza. Excetuando aqueles, muito poucos, que são verdadeiramente instruídos na arte dos sons, a maioria acharia, por exemplo, as sinfonias, aberturas e quartetos de Mozart, Beethoven, A. Romberg, ou até mesmo Haydn, insípidos, maçantes, em parte até antagônicos; pelo contrário, o Klingklang oco de triviais aberturas italianas e outras composições do mesmo estilo é acolhido com prazer e retribuído com aplausos ruidosos. Ninguém quer ter de pensar enquanto escuta música, nem sequer sentir, mas somente se deseja estimular os sentidos e ter um deleite superficial. Daí que, por exemplo, o cantor, quando quer ser apreciado pela multidão, tenha de sobrecarregar de tal modo aquilo que canta com ornamentos, floreados e graciosas ninharias, que o compositor não seria capaz de reconhecer sua própria obra; é por isso que as peças instrumentais, mesmo as maiores, por exemplo, as aberturas – dado que aqui se faz muito pouco uso de verdadeiras sinfonias –, precisam possuir alguma relação com a dança, *et coetera*, caso contrário são assobiadas e não são escutadas em sossego, uma vez que o meio termo é pouco conhecido, e que as pessoas ou ficam entusiasmadas ou indignadas.[2]

Bastou pouco tempo de residência na Corte do Rio de Janeiro para constatar que, na ausência de quaisquer outros acontecimentos sociais – quase não há festas, pouco se baila nos salões –, tudo se passa na Real Capela. Muito mais do que uma sede de ofícios litúrgicos, a Real Capela é diretamente subordinada ao Palácio Real, como o era em Lisboa desde tempos antigos. Pouco após a chegada ao Rio de Janeiro, D. João recriou a instituição, como disse, "não para maior comodidade e edificação de minha real família, mas sobretudo para maior decência e esplendor do culto divino e glória de Deus".[3]

É na Real Capela que os cortesãos se encontram, não somente para orar, mas para se divertir e festejar. As grandes damas vestem-se como se para um grande baile. Seus vestidos fazem um contraponto de tecidos e cores luxuosas aos paramentos dos padres. Quase todos os dias há uma boa razão para se ir à igreja, para comemorar festas de santos ou natalícios reais de príncipes e infantas, além de quermesses, novenas e outros acontecimentos. As mulheres, às quais não é dado frequentar as poucas recepções, aproveitam essas oportunidades para mostrar em público seus dotes físicos e suas toaletes feitas com sedas chinesas e os novos tecidos ingleses e, sobretudo, tafetás e rendas francesas. Aos padres também se permitem prazeres inimagináveis em nossos países; eles têm, como se fossem sacerdotes de Baco relações carnais com as mulheres, com quem geram filhos.

Quase um mês após a minha chegada, comemorou-se no dia 24 de junho a festa de São João, padroeiro da maçonaria e Santo Patrono do Rei. Que fausto do Oriente! A Capela foi toda ela forrada de panos de seda adamascada vermelha bordada a ouro, e ricamente iluminada por um sem número de velas e círios. O luxo se reproduz nas vestimentas dos celebrantes, cujos brocados se transformam em atores de uma grande cena que parece saída das pompas barrocas do século passado. No cortejo de entrada desfilam seus paramentos, acompanhados de uma elaborada música que estaria melhor se tocada no teatro.[4] Com grande pasmo ouvi o *Glória da Missa*, uma verdadeira sucessão de árias operísticas, com solos, duetos, trios, tudo cantado por vozes que pareciam descer do céu. Havia algo de raro, um extraordinário fenômeno quase celestial que eu não podia compreender de todo. As vozes eram doces e melodiosas demais para serem provenientes de homens, e tinham contudo uma força masculina e um vigor que não se pode encontrar em uma mulher. Estava entusiasmado, acreditava-me transportado para o céu, no meio dos anjos que louvam, cantando, o ser supremo.

Teria ficado longamente naquele estado de êxtase se o canto não tivesse dado lugar a preces. Quando pedi explicações sobre aquelas vozes, a resposta retraçou em meu espírito uma crueldade que eu não tinha jamais podido conceber até aquele dia…[5] Continuam a praticar nesta Corte uma bárbarie que acreditava desaparecida da Europa. Trata-se de castrados, eunucos emasculados ainda meninos antes que suas delicadas vozes mudem de registro, um ato abominável que os torna capazes de inigualável virtuosidade. Eram capazes de alcançar uma extensão inatingível por qualquer mortal, tinham a delicadeza dos *putti* com a potência vocal de um peito de homem, era como escutar querubins dotados de corpos de varões. Somente os *castrati* poderiam cantar árias com tal nível de exigência nesta Corte, que segue à risca o preceito do apóstolo Paulo: "*mulier tacet in ecclesia*" – mulheres caladas na Igreja.

Entusiasmado com a qualidade dos cantores e instrumentistas, decidi lançar-me à escrita do Glória inicial da *Missa de São João* — a terceira de minha autoria —, em mi bemol maior, a tonalidade maçônica, com os três bemóis dispostos em triângulo, tal como no signo que distingue nossas assinaturas, os bemóis conotando a gravidade e o modo maior, associado à serenidade. Já havia o irmão Mozart emoldurado com a abertura e o coro final em mi bemol maior a sua obra-prima — *A Flauta Mágica* —, tonalidade empregada também em todos os momentos solenes e naqueles em que o personagem "Tamino" é iniciado aos mistérios e à sabedoria da fraternidade maçônica. Que a minha primeira inspiração nesta terra abençoada pelo santo símbolo da Cruz dirija-se a São João, padroeiro de nossa confraria, e ao louvor do magnânimo monarca a quem o Santo dá o nome.

Presenteei com a partitura o Rei, na esperança de que a apreciasse e me encomendasse o restante da obra. Foi quando o monarca apresentou-me ao célebre compositor encarregado da música, Marcos Antonio da Fonseca, que se assina como Marco Portogallo desde que sua fama estabeleceu-se na Itália como exímio compositor de óperas. Apesar dos afagos que recebe por parte da Corte e da amizade que lhe dispensa o rei, deparei-me com um ser mal humorado, arrogante, antipatizado por muitos e, principalmente, por seu conterrâneo Luiz dos Santos Marrocos, bibliotecário do Rei, que dele diz ostentar *"fumos mui subidos"*.[6]

Marcos resistiu por três anos em juntar-se à Corte do Rio de Janeiro e, destarte o apreço que o Rei demonstra por sua arte, permaneceu em Lisboa, onde caiu no gosto dos franceses, Junot, *et coetera*, e até escreveu música para homenagear Napoleão em seu aniversário. Com a expulsão das tropas francesas daquela capital em 1811, acusado de colaboracionismo, resolveu abrigar-se na Corte do Rio de Janeiro, onde encontrou a esperada proteção por parte do Príncipe Regente. Ao chegar, recebeu a incumbência de ocupar-se de toda a música que se fazia na Real Capela e no Real Teatro de São João. É nesta capacidade que preside um verdadeiro comitê de censura do qual faz também parte seu irmão, o cantor Simão Portugal, que não aprova a minha obra — como de resto não aprovam qualquer outra que não siga o gosto italiano, tão apreciada pelos cortesãos. É verdade que Marcos produziu muitas boas peças isoladas nas suas óperas; mas mesmo estas não são mais do que imitações dos italianos, sem originalidade ou verdadeiro con-

50

teúdo; e, quanto à sua música de igreja, também se lhe pode imputar perfeitamente o mesmo que eu disse sobre a atual música portuguesa de igreja em geral: alterando-lhe o texto e contexto pode-se introduzi-la em qualquer ópera, inclusive cômica.[7]

Percebi, então, que não haveria lugar para a minha música religiosa e abandonei o projeto de continuar a Missa de São João. Passaria a escrever música para piano, música de câmara e sinfonias, gêneros para os quais o meu querido Papa Haydn tão zelosamente me preparou e que, na Corte do Rio, não se tinha o hábito de praticar. Não sei se encontraria quem as pudesse tocar, pois a virtuosidade dos locais é restrita às cantorias, mas, como herdeiro da tradição vienense de Michael e Joseph Haydn, empregarei o meu talento para propagar o estilo clássico que aqueles grandes mestres me ensinaram.

1. Nascido em Nápoles em 1711, foi para Lisboa em 1752, onde trabalhou como mestre de capela do rei D. José I e da rainha D. Maria I na Corte portuguesa. Morreu em Lisboa em 1778.

2. *Allgemeine Musicalische Zeitung*, 26/6/1816, em Brito, M. C. e Cranmer, D. *Crônicas da vida musical portuguesa na primeira metade do século XIX*, Imprensa Nacional / Casa da Moeda, Lisboa, 1990.

3. D. João em alvará de 15/6/1808, em Ayres de Andrade, Francisco Manuel da Silva e seu tempo [2 v.]. *Coleção Sala Cecília Meireles* (1), Edições Tempo Brasileiro Ltda., Rio de Janeiro 1967, v. 1, p. 31.

4. Freycinet, Rose de. *Journal du Voyage autour du monde à bord de* l'Uranie *1817–1820*, Éditions du Gerfaut, Paris, 2003, p. 35.

5. Ibidem.

6. Marrocos, Luiz Joaquim dos Santos. *Cartas do Rio de Janeiro*, Ed. Biblioteca Nacional, Lisboa, carta datada de 7 de outubro de 1812, p. 149.

7. *Allgemeine Musicalische Zeitung*, 26/6/1816.

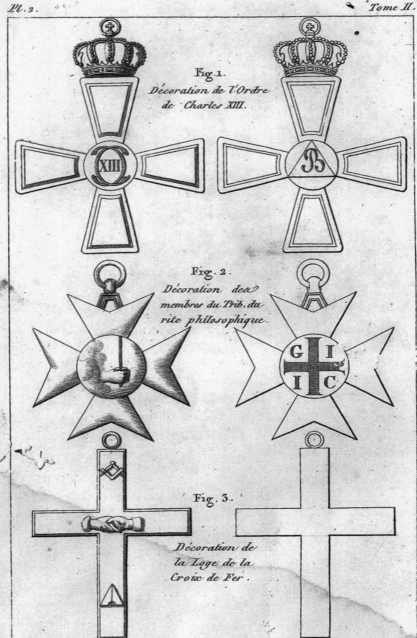

Terras de Santa Cruz

5 DE SETEMBRO, 1816

As caravelas chegadas a estas plagas em 1500 ostentavam flâmulas decoradas com o ícone das bandeiras dos cruzados — a Cruz da Ordem do Templo — a mesma que nós, da loja dos Cavaleiros da Cruz, veneramos. Naquele momento os portugueses batizaram a nova terra de Santa Cruz, sob a égide da qual rezou-se a primeira missa. Que surpresa perceber que o símbolo, para nós sagrado, está presente por toda a parte, até na alcunha da fazenda, usurpada aos jesuítas, que o Rei visita frequentemente. Soube que, com o fim da Ordem do Templo na França, o rei de Portugal D. Dinis criara a Ordem de Cristo para promover os ideais templários, queimados em Paris junto com os cavaleiros em 1314 durante o reinado de Filipe IV de França. O Rei D. Dinis, ao ressuscitar a Ordem em Portugal, logrou transferir-lhe todas as propriedades e privilégios da antiga. As viagens de descobrimento tornaram-se a principal missão da nova Ordem e, na segunda das expedições a caminho das Índias, vieram dar à costa do Brasil.

Música Secreta

A Ordem de Cristo e sua cruz-maltina condecoram os mais ilustres desta Corte, e, entre esses, os dois que me são mais caros, o Conde da Barca e o músico mestiço aqui nascido, o Padre José Maurício Nunes Garcia.

Conheci o Padre nas cerimônias da Sé, igreja da qual é o mestre de capela, encarregado de arregimentar os músicos, ensaiá-los e zelar pelo decoro das vestimentas e pela qualidade da execução da música durante os ofícios. Surpreso fiquei quando, apresentado a uma sonata de Papa Haydn das mais difíceis, o Padre tocou-a com maestria inimaginável.[1] Contou-me que aprendera o ofício aqui mesmo, pelas mãos de Salvador José, egresso da extinta aula de música dos Jesuítas de Santa Cruz. Apesar de jamais ter deixado o Rio de Janeiro, teve conhecimento das obras dos grandes mestres europeus pelas mãos de seu tutor, cuja extensa coleção incluía, além de obras de Papa Haydn, peças de Jommelli, Pergolesi e outros compositores italianos. Cedo entrara para o coro da Sé, o que lhe franqueara o acesso ao Seminário de São Joaquim, destinado às crianças pobres e órfãs como ele. Os organistas da Ordem Terceira do Carmo, onde o coro de meninos costumava apresentar-se, ensinaram-lhe a arte da improvisação. Almejando ingressar na vida monástica, esmerara-se em estudos de grego, latim, filosofia, gramática e retórica, habilidade na qual tornara-se excelente por ter tido como preceptor Manuel Inácio da Silva Alvarenga, o mesmo que fundara a Sociedade Literária, de inspiração maçônica.

Tal efeito causara em Dom João o *Te Deum* por ele escrito e dirigido quando da ocasião de seu desembarque em 1808, que imediatamente o nomeou Mestre da Real Capela, reconhecendo a sua superioridade frente ao organista de sua comitiva, José Rosário Nunes. Ignorou, o então Príncipe Regente, as vozes contrárias, clamantes do "visível defeito de cor",[2] e destinou-lhe largo soldo outorgando-lhe a Ordem de Cristo. Em gratidão à generosidade do Príncipe, e feliz por ter o talento reconhecido, o Padre ocupa-se também de escrever música, ainda que isso não conste do rol de seus encargos.

A Ordem de Cristo é aqui comemorada com grande fausto aos 14 dias do mês de setembro. É a primeira oportunidade que tenho de homenagear a Cruz e, portanto, escrevi uma marcha para ser executada a quatro mãos no pianoforte. Não me esforcei para completar uma versão que pudesse ser tocada pelos músicos da Real Capela, sabedor da impossibilidade de transpor as barreiras impostas pela comissão de censura. Tocarei a minha marcha ao lado do Padre José Maurício, que em mim desperta os melhores sentimentos de amizade e admiração.

54

※ Música Secreta ※

Debret, Jean-Baptiste
Ordens honoríficas portuguesas e brasileiras
AQUARELA, 1817
MUSEUS CASTRO MAYA, RIO DE JANEIRO

PÁGINA 52:
Anônimo *Condecorações maçônicas em Acta Latomorum 1*
GRAVURA, 1815
COLEÇÃO CAU BARATA, PUBLICADO POR NOUZOUM,
PARIS

Não sabia eu naquele momento que faria jus, alguns anos mais tarde, quando me despediria da Corte portuguesa, já novamente instalada em Lisboa, à mesma Ordem de Cristo com que o Rei havia afirmado a sua admiração pelo Padre músico…

---

1. Taunay, Visconde de. *Uma grande glória brasileira: José Maurício Nunes Garcia*, São Paulo: Comp. Melhoramentos de São Paulo, 1930, p. 19.
2. Mattos, C.P. *José Maurício Nunes Garcia: Biografia, Rio de Janeiro,* Fundação Biblioteca Nacional, 1996, p. 42.

MARCHE TRIOMPHALE

composée et dediée

À S.A.R. MONSEIGNEUR

LE PRINCE DU BRÉSIL

par

le Chevalier

Sigismond Neukomm

arrangée pour

le Piano-Forte

à quatre mains

par l'auteur

Wien bei Pietro Mechetti q^m Carlo,
im Michaelerhaus der k.k. Reitschule gegenüber N.º 1221.

81820

Marcha Triunfal do Príncipe

27 DE SETEMBRO, 1816

Fui encontrar no Príncipe Dom Pedro e na Princesa viúva Dona Maria Teresa — os filhos mais próximos do Rei D. João —, as melhores disposições musicais e consagrei-me a aperfeiçoar-lhes os dotes. Haviam tido, eles e Dona Isabel Maria, Marcos Portugal como mestre, que usava em suas aulas as mais famosas árias de suas óperas transcritas para voz e pianoforte. Com tal adestramento, nem dispõe o príncipe de recursos para compor nem as princesas para tocar piano... Há que se introduzir-lhes aos cânones da música séria, à forma pura da sonata clássica, tema A, transição, tema B, na segunda parte tema A no tom da dominante, desenvolvimentos, desaguando na tônica, arquitetura da perfeição, na qual estão moldadas todas as sonatas, as sinfonias e os concertos do imortal Mozart, de Papa Haydn e de meu colega Beethoven.

Apesar de talentoso, D. Pedro trata de música como um príncipe,[1] dedica-lhe muito pouco tempo. Suas ideias são interessantes, mas não domina a escrita orquestral e pediu-me que escrevesse uma fantasia para grande orquestra inspirada em uma de suas valsas, o que fiz com grande prazer.[2] Trata-se de um homem feito de paradoxos, mais brasileiro do que português, posto que passou aqui quase a metade da vida, possuidor de um espírito liberal que o tornou admirador de Bonaparte, o inimigo de seu pai.

O Príncipe e Dona Maria Teresa, a filha mais velha, estão sempre próximos ao pai, na Quinta de São Cristóvão, onde raramente vejo Sua Majestade a Rainha Dona Carlota Joaquina, nem seu filho dileto, Dom Miguel, e suas filhas, residentes em um outro palácio na enseada de Botafogo. Dona Maria Teresa ficou viúva muito cedo, apenas dois anos depois de casada, e é muito dedicada a seu pai e ao filho que lhe ficou da fugaz aliança com o herdeiro espanhol. O Rei e estes seus dois filhos tratam-me com muita deferência e, apesar da contrariedade que o compositor preferido do monarca, o Marcos Portugal, demonstra em relação ao estilo vienense, Suas Altezas sabem apreciar a minha música.

Em homenagem ao aniversário próximo do Príncipe D. Pedro, e como percebo disposições marciais em sua índole, dediquei-lhe a *Marcha Triunfal* para Grande Orquestra Militar, também na tonalidade maçônica de mi bemol maior. A orquestra da Capela Real conta com instrumentistas de sopro de razoável qualidade, de modo que usei grande número destes e bastante percussão, sem deixar, porém, de empregar as três clarinetas que sinalizam a minha secreta devoção. Quero com isso agradar ao temperamento esfuziante desse príncipe, cuja índole guerreira leva, sempre que possível, a visitar um ex-ajudante de ordens de Napoleão exilado no Rio de Janeiro.[3] Transcrevi a *Marcha Triunfal* para piano a quatro mãos, posto que, dessa forma, cunho repertório para a prática dos príncipes e, ao mesmo tempo, torno conhecida a minha obra, mesmo que não seja tocada pela orquestra da Real Capela.

1. Neukomm, S. Carta em francês endereçada a uma amiga europeia, datada de 12/8/1817, Wiener Stadtbibliothek, S.N. 39669.
2. Neukomm, S. Catálogo manuscrito, n. 144: "Fantaisie à grand orchestre sur une petite Valse de S. A. R. Le Prince Royal Don Pedro I° (par ordre)", Biblioteca Nacional da França .
3. Trata-se do general-conde Dirk van Hogendorp, o qual reaparecerá mais tarde no relato.

Debret, Jean-Baptiste
Retrato do Príncipe Dom Pedro aos 18 anos usando a ordem da Toison d'Or
AQUARELA, 1816
COLEÇÃO PARTICULAR

PÁGINA 57:
Debret, Jean-Baptiste
SS. AA. RR. D. Pedro e D. Leopoldina (detalhe)
AQUARELA, 1818
MUSEUS CASTRO MAYA,
RIO DE JANEIRO

Schütz, Karl
Burgtheatre, Viena – onde Mozart realizou diversos concertos
GRAVURA, 1785
MUSEU HISTÓRICO,
VIENA

Flores para o túmulo de Elisa

7 DE FEVEREIRO, 1817

O mês de fevereiro traz-me a dolorosa lembrança da perda de minha querida irmã Elisa, cuja morte pranteio há dois anos... Admirável soprano, faleceu logo após ter sido a solista do Offertorium do meu grande *Réquiem* em dó menor cantado em 21 de janeiro de 1815 durante o congresso de Viena. Desde o passamento de Papa Haydn e de minha mãe em 1809 recusara-me a voltar àquela parte do mundo, minha terra natal, onde reina a rigidez dos humores, a hostilidade para com os diferentes e onde os pedreiros livres, como são chamados os maçons, são forçados a esconder-se.

    Por ironia do destino, fui para lá obrigado a deslocar-me em 1814 por determinação do já então meu protetor, o Príncipe de Talleyrand. Fez-se ele acompanhar ainda por Antonin Carême, seu chefe de cozinha, e toda a criadagem, de forma a causar grande impressão diante dos representantes das potências que, ali reunidas, decidiam a organização da Europa após a derrota de Napoleão. Por sua vontade, eu tocava ininterruptamente durante as reu-

Anônimo *Congresso de Viena*
GRAVURA, 1814–1815
COLEÇÃO PARTICULAR

niões secretas em seu gabinete. Todos em Viena pensavam, então, que eu fosse um espião,[1] quando, na verdade, servia apenas na qualidade de músico, tocando da melhor maneira possível, para que o som de meu piano tornasse ainda mais aguçada a mente de meu Príncipe e para confundir ouvidos indiscretos que se esgueiravam pelos corredores. Em meu repertório estavam as músicas de Papa Haydn e Mozart, além de minhas próprias composições, peças no melhor estilo clássico, apaziguadoras do espírito do Príncipe, empenhado na reorganização do Velho e do Novo Mundo.

Com o seu gênio habitual, o Príncipe de Talleyrand transformara-se, a despeito da desvantajosa posição de representante de uma França derrotada, no principal articulador de todos os acordos, para grande desgosto de Metternich, seu êmulo vienense. O golpe de mestre foi a cerimônia que concebeu em homenagem ao Rei mártir Luís XVI por ocasião dos 22 anos de sua execução. Cuidou pessoalmente para que a cerimônia tivesse o maior fausto e fosse do agrado de Sua Majestade Cristianíssima Luis XVIII de França, a

~ Música Secreta ~

Kriehuber, Josef segundo Thomas Lawrence
Príncipe Metternich
LITOGRAFIA
COLEÇÃO PARTICULAR

quem dava diariamente notícias sobre os preparativos em suas cartas.[2] Pediu-me que empregasse bastante número de cantores – eram mais de 300, divididos em dois coros –, e foi-me necessário solicitar a colaboração do Mestre da Capela Imperial de Viena, o eminentíssimo colega Antonio Salieri. A Catedral de Santo Estêvão encontrava-se repleta de todos os soberanos presentes ao congresso e demais ministros plenipotenciários, que assistiram à apresentação em grande comoção,[3] mas o Imperador da Áustria, Francisco I, tendo ao seu lado a Imperatriz e as arquiduquesas, uma das quais partiria para o Brasil, eram os únicos vestidos de negro em memória do Rei e pela Rainha, tia do Imperador, guilhotinados em 1793 pelos jacobinos. Os outros sobera-

Música Secreta

Anônimo
*O Homem de 6 cabeças –
Charles Maurice Talleyrand Périgord*
CARICATURA. GRAVURA, 1815
COLEÇÃO PARTICULAR

nos estavam em grande uniforme, o que provocava um contraste fulgurante que aumentava a emoção desse réquiem.

Dez dias depois, o Rei Luís XVIII fez de mim e de Salieri Cavaleiros da Legião de Honra, e passei a assinar-me legitimamente Sigismund, Ritter von Neukomm.[4]

Após o congresso e os Cem-Dias,[5] em setembro de 1815, tendo retornado a Paris em companhia do Príncipe de Talleyrand, desolado pela dor da perda de minha querida irmã,[6] experimentei a urgente necessidade de afastar-me por algum tempo, no que fui imediatamente compreendido. A elevação do Brasil a reino, ideia atribuída ao Príncipe meu protetor, mas na verdade uma inspiração do Conde da Barca, que por esse motivo recebeu seu título honorífico, justificava a presença do Duque de Luxemburgo como Embaixador em terras brasileiras, em cuja comitiva embarquei.

Entretanto, as distrações de que desfruto nesta exótica Corte não me fazem esquecer a irmã, em cuja memória escrevi a canção *Blume auf Elisens Grab* – flores para o túmulo de Elisa –, sobre os versos do poeta Tiedge,[7] cuja companheira de vida tinha o mesmo nome. A triste tonalidade inicial de mi menor é a mesma que utilizei no *Adeus*, obra com que havia me despedido dos amigos antes de partir para o Brasil. Ao final da peça, da mesma forma que naquela, provoco a modulação para o luminoso tom homônimo de mi maior, cheio de esperança, e encerro-a com o harpejo ascendente de duas oitavas, degraus que conduzem Elisa aos céus.

....

1. Orieux, Jean. *Talleyrand*, Paris: Flammarion, 1970, p. 609.
2. Talleyrand, C.M. Cartas a Luís XVIII, em "Mémoires", p. 480–481.
3. Neukomm, S. Esquisse Biographique écrite par lui-même, *La Maîtrise*, Paris: Typographie Charles de Mougues. Frères, 1859.
4. *Ritter*, quer dizer 'cavaleiro', e em alemão é um título de nobreza. Neukomm passou desde então a se apresentar como *Ritter von* Neukomm, ou *Chevalier* de Neukomm. Naquela ocasião foram também condecorados com a Legião de Honra o músico Antonio Salieri, o pintor Jean-Baptiste Isabey, antigo aluno de David, e responsável pelos novos uniformes do Império francês. Ver Waresquiel, Emmanuel de. *Memoires et Correspondances du Prince de Talleyrand*, Paris: Robert Laffont, 2007, pp. 627–28; e TULARD, Jean. *Le Sacre de l'empereur Napoléon*, Paris: Fayard, 2004.
5. Período em que Napoleão tenta, sem sucesso, retomar o poder na França.
6. Rochlitz, Friedrich. *Für Freunde der Tonkunst*, Leipzig: Ed. Carl Cnobloch, 1830, v. 3, p. 252.
7. Christoph August Tiedge (1752–1841, Dresden) poeta alemão do Reino da Saxônia.

Nº 145 - du catalogue copié

Notturno, composé et dedié

à

Madame Maria da Penha

par

le Chevalier Sigismond Neukomm

Quell'alma severa

13 DE NOVEMBRO, 1816

O agora vastíssimo Reino Unido de Portugal e Brasil forneceu ao Rei Dom João VI argumentos mais do que suficientes para convencer Sua Majestade Francisco I de Áustria a casar uma de suas filhas com o Príncipe D. Pedro, que completará 18 anos em breve. *Bella gerant alii, tu felix Austria nube!*[1] A escolhida foi a Arquiduquesa Leopoldina Josefa Carolina, que se deparará com um noivo desprovido de requintes cortesãos, porém muito fogoso. Com a vinda de Sua Alteza Imperial, a Arquiduquesa, parte daquele mundo severo dos Habsburgos, de que propositalmente me afastei, virá ter comigo no Brasil.

A Arquiduquesa, como de resto Metternich e toda a Corte vienense, abomina o Príncipe de Talleyrand, segundo ela culpado pela desgraçada aliança de Napoleão com sua querida irmã Maria Luisa, desterrada em Parma. Apesar das diferenças de pensamento, torço para que a música, ela que é talentosa pianista, nos possibilite um convívio agradável nos trópicos.

67

Quell'alma severa,
Che amor non intende,
Se pria non s'accende,
Non speri goder.

Per me son gradite
Ancor le catene,
E in mezzo alle pene
Più bello è il piacer.

Que alma severa, / Que ao amor não aspira. / Se logo não arde, / O gozo não alcança.

Para mim são gratas / Até mesmo as cadeias, / E em meio às penas / Mais belo é o prazer.

Não se trata da primeira vez que escrevo u'a melodia para poesia de Metastásio, autor dos mais aplaudidos libretos inspiradores de Mozart e de outros gênios. Esses versos, proferidos pelo Amor em Endimione, com que Metastásio homenageava seu senhor pelo transcurso de seu casamento, parecem-me tão mais oportunos quanto o ardor local por tudo que é italiano. Embora inspirada pela frigidez da Arquiduquesa Leopoldina, a *canzoneta*[2] é dedicada à Senhora Dona Maria da Penha, que se casa ao mesmo tempo que o Príncipe meu senhor.

Encontra-se em Viena o digníssimo Marquês de Marialva, encarregado de tratar do contrato de casamento. Diz-se que soube pintar do Brasil e de Sua Alteza D. Pedro quadros tão edificantes, que a Arquiduquesa Leopoldina mal pode esperar para ter com o noivo.

"Se son lontano dal mio diletto
freddo sospetto mi agghiaccia il cor.
Se poi ritorno presso il mio benne,
torna la spene fugge il timor"

Se eu estou longe do meu amado / o frio suspeito me arrepia o coração.
Se em seguida torno ao meu bem volta a /esperança, foge o temor.

≈ Música Secreta ≈

Gainsborough, Thomas
A Aula de Piano
DESENHO, FINAL DO SÉC. XVIII
MUSEU BRITÂNICO,
LONDRES

    Genial Metastásio, que com seus versos desenha os contornos da alma apaixonada, como nesta fala de Adonis nos Jardins das Hespérides, para a qual o napolitano Porpora escreveu belíssima melodia estreada um século atrás pelo mais famoso castrado de todos os tempos – Farinelli –, na flor dos seus 16 anos. Brinco de travestir-me de italiano, como o Portogallo, e assino a *canzonetta* "da Sigismundo Neukomm".[3] Quiçá será assim mais apreciada…

....

1. *Que os outros façam a guerra, tu, feliz Áustria, te casas!*
2. Neukomm, S. "Notturno composé et dédié à Madame Maria da Penha", n. 145 do catálogo, Biblioteca Nacional da França Ms. 7697 (2).
3. Neukomm, S. "Canzonetta da Sigismundo Neukomm – Se Son Lontano", n. 147 do catálogo, Biblioteca Nacional da França Ms. 7697 (3).

1817   65. 149.   f. 58.

N° 149 De Catalogue

L'Allegresse publique

Marche à grand Orchestre
composée à l'occasion de l'acclamation
de S. M. T. F.

par

le Chevalier Sigismond Neukomm

arrangée à 4 mains

Ms. 14214

Alegria Pública

18 DE MARÇO, 1817

Decorrido o luto de um ano após a morte da Rainha Maria I, vejo aproximar-se a aguardada aclamação de Dom João VI, marcada para o dia 7 de abril de 1817, o dia seguinte à Páscoa. Como de costume, o solene ritual que assinala a assunção ao trono do monarca ocorrerá no Rio de Janeiro e em todas as outras capitais das províncias do Reino Unido, inclusive nos domínios ultramarinos. Os preparativos avançam para este dia de Glória do Brasil, e todos aguardam a subida ao trono daquele que, durante 25 anos como regente, deu provas de todas as virtudes e de que para esta missão estava predestinado pela Divina Providência.

Junto-me à alegria de seus súditos e homenageio o soberano com a marcha *A Alegria Pública* para orquestra, que, pelos motivos de sempre, também transcrevi para piano a quatro mãos.[1] Almejo ainda escrever uma missa completa para a Aclamação, embora já não tenha esperanças de que a venha ouvir. Para atender ao gosto do Rei, o Glória será longuíssimo – só ele durará uma hora –,[2] subdividido em solos, duetos e trios de grande virtuosidade.

Talvez utilize o Kyrie, o Credo, o Sanctus e o Dona Nobis de minha primeira missa, composta em 1809 – a *Sancti Floriani* – apenas alterando a orquestração de modo a aproveitar os efetivos da Real Capela. Assim posso concentrar-me no Glória e no Crucifixus, a partir do qual farei um exercício de conformidade à estética musical vigente. Aprendi com Papa Haydn que excelente é o compositor que domina todos os meios e linguagens, mormente aquelas que lhe são estranhas.

Entretanto, para decepção geral a aguardada aclamação sofreu inesperado adiamento. A notícia chegou de súbito: a província de Pernambuco havia sido subjugada por movimento republicano separatista, inspirado, quiçá, pela Revolução Francesa. A empreitada fora conduzida por maçons de inspiração inglesa, os que conspiram contra a Igreja e a Monarquia e conduzem o povo a renegar a autoridade do Rei e a jurar a bandeira republicana. Para mim, trata-se de manobra dos britânicos, descontentes com a permanência da Corte no Novo Mundo, buscando amedrontar o Rei e fazê-lo voltar à Europa.

Pobres pernambucanos! Marcham na direção oposta ao concerto das grandes potências, inclusive a própria França que vem de abandonar a aventura republicana pela restauração do antigo regime. Eles não se apercebem de que a única via para guardar íntegra a vastidão de suas terras é honrar esse magnânimo rei.

~ Música Secreta ~

Salathé, Friedrich e Steinmann, Johann
Panorama de Pernambuco
GRAVURA AQUARELADA, 1826–1832
COLEÇÃO PARTICULAR

PÁGINA 71:
Debret, Jean-Baptiste
Alegoria para Aclamação de D. João VI
AQUARELA, 1818
MUSEUS CASTRO MAYA,
RIO DE JANEIRO

O adiamento permitirá, entretanto, que os preparativos avancem com muito mais elaboração para o esperado dia de Glória, em que os reinóis verão o monarca em todo o esplendor e majestade.

---

1. Neukomm, S. "L'allegresse publique, Marche à grand orchestre, pour l'acclamation de S. M. Joas [sic] VI. Cette même marche arrangée pour le p[iano] f[orte] à 4 mains", n. 149 do catálogo, Biblioteca Nacional da França Ms. 7676 (1) / Ms. 14214.
2. Neukomm, S. Carta endereçada a Pehr Frigel, datada de 1/12/1822. Acervo do Internationale Stiftung Mozarteum, Salzburgo.

Catal. N: 151.

Hymno Marcial

por

Neukomm

s. 7676 (2)   Rio, 25/4/1817

Valerosos Lusitanos

25 DE ABRIL, 1817

Enquanto Dom João VI organizava a reação à revolta em Pernambuco, o vírus republicano espalhou-se rapidamente pelas províncias da Paraíba, Rio Grande do Norte e Alagoas. Era dito e redito que o povo estava indiferente ao movimento, levado adiante pelos pedreiros livres de orientação inglesa, fato comprovado mais tarde. A reação à maçonaria, contudo, fez-se sentir – alguns como o bibliotecário Marrocos passaram a se referir a nós como "a corja maçônica".[1] Pobres criaturas, incapazes que são de distinguir entre o bem e o mal, a boa cepa, os que são respeitadores do poder monárquico oriundo do Grande Arquiteto e temperado pelo sentido de justiça, encarnado à perfeição pelo Rei português, e a má, a hidra demoníaca cuja cabeça precisava ser cortada.

A eclosão do motim fez surgir nos livreiros obras contra os pedreiros-livres, tais como a *História secreta da seita dos franc-maçons, sua origem, doutrina e máximas, com a descrição de algumas lojas, e o que se passa nelas quando se recebe alguém por franc-maçon*, ou ainda, *Atalaia contra os pedreiros-livres*. Dis-

curso sobre a sua origem, instituto, segredo e juramento, e no qual se descobre a ci-
fra com que se escrevem e as ações, sinais e palavras com que se conhecem.[2]

Vi-me incitado a escrever um hino marcial – *Valerosos Lusitanos* – em louvor às hostes reinóis, para o qual servi-me dos versos de Francisco Bento Maria
Targini, o Barão de São Lourenço, que de caixeiro tornara-se Conselheiro de
Fazenda do Rei. Esse lisboeta, filho de italianos, conseguiu embarcar para o Brasil com a Corte em 1808, e ainda seria feito visconde em 1819. Era um dissimu-
lado, tinha talento nato para sicofanta e, amigo do alheio, que escreveu o texto
inspirador da fidelidade à Coroa. Apesar de meus incentivos para que o Príncipe Dom Pedro fizesse o mesmo, foi preciso aguardar ainda certo tempo até que
Sua Alteza Real ficasse inspirada pelas musas para compor um hino de sorte a
exaltar os ânimos dos combatentes. Os versos do Barão não eram de todo maus:

> *Valerosos lusitanos*
> *a vitória por vós chama*
> *a Trombeta já da Fama*
> *vossos nomes vai cantar*
>
> *Vamos todos inspirados*
> *Pelo Marte tutelar*
> *resgatar um povo aflito,*
> *O melhor dos reis vingar.*[3]

Não demorou muito para que o movimento fenecesse. Bastou seu representante, o maçom Padre Roma, aportar a Salvador da Baía, para que fosse
sumariamente fuzilado pelo governador, o Conde dos Arcos. Mesmo assim,
a hidra revolucionária custaria vultosos recursos ao erário para que fosse de-
belada e completamente rendida na data natalícia de D. João, a 13 de maio de
1817. A notícia, porém, só chegaria à Corte em 14 de junho, quando o alvo-
roço do povo em aplaudir e festejar o Rei estava no auge. Foi comovente assistir ao numeroso concurso que se juntou no Largo do Paço, cheio do maior
contentamento, pelas três horas daquele dia 14 com o povo dando-se mutua-
mente os parabéns. Ao verem Sua Majestade entrar no coche, bradaram todos repetidas vezes "Viva El Rei", acenando com os lenços nos mais vivos
transportes de alegria. Sua Majestade recebeu com prazer e benignidade es-

Vilhena, Luís dos Santos *Uniformes do Regimento de Pardos e de Milícias*
LÁPIS E AQUARELA, 1802
BIBLIOTECA NACIONAL, RIO DE JANEIRO

PÁGINA 75:
Krauss, F. e Bauch, Emil *Rua da Cruz*
LITOGRAVURA, SÉC. XIX
COLEÇÃO PARTICULAR

tas demonstrações da fidelidade e amor dos seus vassalos, demonstrações estas que não se limitaram apenas a este lugar. Naquela noite e nas duas seguintes desenrolaram-se no Real Teatro cenas tocantes, os espectadores cantando juntamente com os músicos um hino de louvor ao rei; recitaram-se versos que resumem os sentimentos de lealdade, gratidão e amor dos seus vassalos:

Pelo melhor dos reis, o Pai da Pátria,
Quem há de recusar o sangue, e a vida?[4]

---

1. Marrocos, Luiz Joaquim dos Santos. *Cartas do Rio de Janeiro*, Ed. Biblioteca Nacional, Lisboa, carta datada de 7/1/1813, p. 167.
2. *Gazeta do Rio de Janeiro* (1818, n. 6 e 28), apud Nizza da Silva, M.B. *A Gazeta do Rio de Janeiro (1808–1822): Cultura e Sociedade*. Eduerj, 2007, p. 190.
3. Targini, F.B.M. Texto anotado a partir do manuscrito de autoria de S. Neukomm, Biblioteca Nacional da França, Ms. 7676 (2).
4. Santos, Luiz Gonçalves dos (Padre Perereca). *Memórias para servir à história do Reino do Brasil*, Rio de Janeiro: Zélio Valverde, 1943. p. 553.

Neukomm, Sigismund
Carta em alemão cursivo a destinatário desconhecido
MANUSCRITO, 18/03/1817
ACERVO BIBLIOTECA
NACIONAL DA FRANÇA
PARIS

Ich bitte Sie [...] folgender [...] zu
[...]:

à Mr. de Langsdorff, Consul-
Général de Russie
à Rio de Janeiro.

Carta a um amigo europeu

18 DE MARÇO, 1817

Querido amigo!

    Minha viagem interrompeu nossa correspondência há algum tempo.

    Como ficarei aqui alguns anos, talvez mesmo sempre, venho pedir-lhe que me envie as obras que já estão preparadas para mim, há uns três anos, mas que não quis fazer vir porque minha permanência aqui não era coisa certa. Tenha a bondade de me lhas enviar imediatamente.

    Não lhe será certamente desagradável saber que passo bem e que minha situação nesta Corte é tão agradável quanto honrosa. O Rei e toda a sua família são extremamente bons para mim.

    Com esta carta, espero que o editor Härtel seja sensato e entregue-lhe os impressos, juntamente com os manuscritos que enviei, de modo que eu possa fazer as correções devidas.

    Peço-lhe que utilize o seguinte endereço: Mr. de Langsdorff, Cônsul Geral da Rússia no Rio de Janeiro. Remeta o pacote ao Cônsul dinamarquês Hl. Kuhlenkonig em Bremen, de onde saem com frequência navios para o Brasil. Vou pagar-

lhe o envio através do mesmo portador – tenha a bondade de me indicar o preço adequado. Apresente os meus respeitos (e considerações) ao nosso digno amigo Kunze. Escreva-me logo

Seu

S. Neukomm[1]

Tive a felicidade de reencontrar nesta Corte o Barão e a Baronesa de Langsdorff, que conheci durante a minha estadia em São Petersburgo, quando tive a oportunidade de ministrar aulas de piano à Baronesa. Acham-se aqui na qualidade de Cônsules-Gerais, representantes de Sua Majestade o Czar da Rússia. A casa dos Langsdorff, que são de origem prussiana, fica situada à sudoeste da cidade, com largas vistas panorâmicas, e tornou-se o centro de reunião das pessoas de boa sociedade e de boa cultura que vivem nesta Corte e de todos os estrangeiros notáveis. Quase todas as noites ali acontecem serões literários ou concertos de música de cuja organização ocupo-me eu e nas quais tocamos as novidades que chegam da Europa.

Na companhia dos barões de Langsdorff, eu e todo o corpo diplomático estivemos presentes ao Real Teatro de São João, onde se festejou com a ópera de Vincenzo Puccitta – *La Vestale* –, o casamento por procuração em Viena de Suas Altezas o Príncipe Dom Pedro e a Arquiduquesa Leopoldina.[2] Desde que eu chegara ao Rio de Janeiro, era a primeira vez que acontecia uma representação no Real Teatro, transcorrido o ano de luto pela morte da Rainha mãe e findos os motins revolucionários. Construído por iniciativa de El Rei D. João à imagem do de São Carlos de Lisboa, mas com telhado em forma de pagode chinês, o Real Teatro é bastante bonito em tamanho e proporções; sofre, contudo, de uma maquinaria e decorações deficientes.[3] A ópera séria, cuja estreia acontecera em Londres em 1810, havia sido originalmente dedicada à grande Catalani, que no papel título teve grande sucesso na Corte lisboeta, onde era muito apreciada. Do lado de cá do Atlântico, a apresentação marca a estreia no Novo Mundo do grande cantor castrado Giovanni Fasciotti.

A aliança dos príncipes tem merecido os mais vistosos festejos, tanto cá como lá, à maneira de cada país. Em Viena, após sua entrada triunfal com um fausto das *Mil e Uma Noites*, acompanhado de 77 pajens, criados e oficiais, o digníssimo Marquês de Marialva seguiu à risca as ordens do Rio de Janeiro, que o mandavam fazer figura, gastar muito para parecer bem. Relatou o Mar-

Música Secreta

quês que ainda se não havia visto em Viena uma tão aparatosa embaixada, como a que S. M. lhe havia confiado. Os gastos, compreendida a distribuição de joias e até de barras de ouro, subiram a mais de milhão e meio de francos, despendendo o embaixador de mais de 106 contos de sua própria fortuna, sem contudo solicitar o reembolso. A principal despesa foi destinada à esplendorosa festa dada no jardim imperial de Augarten, onde o Marquês mandou expressamente construir um salão – que depois serviria para várias festas de caridade – oferecendo, após as danças, uma ceia a mais de 400 convidados. Os diamantes com que presenteou os monarcas, mas também ministros das diversas potências, haviam sido, naturalmente, remetidos do Brasil, não entrando nos gastos da embaixada senão a montagem da referida festa. E tão escolhidas e magníficas eram as pedras que fizeram pasmar a Corte de Viena, comunicando-lhe o contato de toda essa riqueza digna dos contos orientais um arrepio de deslumbramento.[4]

---

1. Carta manuscrita conservada na Biblioteca Nacional da França, tradução de Adriano de Castro Meyer.
2. *Gazeta do Rio de Janeiro* (28/5/1817).
3. Graham, Maria. *Diário de uma viagem ao Brasil*, São Paulo: Itatiaia/Edusp, 1990, p. 212.
4. Lima, Oliveira. *D. João VI no Brasil*, Topbooks, 4 ed., 2006, p. 543.

Arago, Jacques
Vista do Teatro no Largo do Rocio, Rio de Janeiro
GRAVURA, 1822
COLEÇÃO PARTICULAR

PÁGINA 79:
Ender, Thomas
Moradia do Senhor v. Langsdorff na Mandioca
LÁPIS E AQUARELA, 1817–1818
ACADEMIA DE BELAS ARTES, VIENA

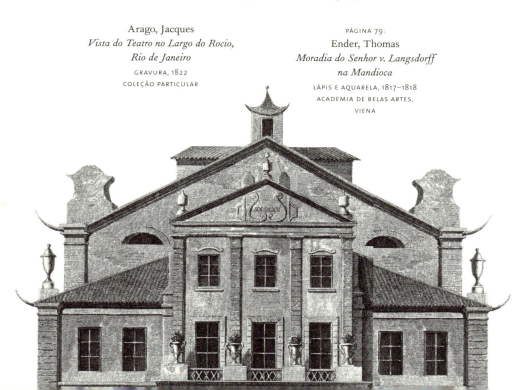

Debret, Jean-Baptiste
Diversos tipos de cortejos fúnebres (detalhe)
AQUARELA, 1823
MUSEUS CASTRO MAYA,
RIO DE JANEIRO

AO LADO:
Debret, Jean-Baptiste
Catacumbas da Paróquia do Carmo (detalhe)
AQUARELA, 1826
MUSEUS CASTRO MAYA,
RIO DE JANEIRO

Marcha Fúnebre para o Conde

22 DE JUNHO, 1817

Pouco mais de um ano após a minha chegada ao Rio de Janeiro, tive a infelicidade de perder o meu protetor, o Conde da Barca. A mágoa provocada pela previsão dos acontecimentos políticos que obrigaram o Rei, mais tarde, a sair do Brasil para sempre, bem como os esforços que fizera para conjurar a revolução pernambucana, acabaram por destruir sua já bastante fragilizada saúde.[1]

Não abandonei um instante sequer a cabeceira do leito enquanto agonizava e o amparei em meus braços no momento derradeiro.[2] A nobreza desse grande homem inspirou-me a escrever a *Marcha Fúnebre*, que oferto ao seu inseparável companheiro, o Dr. Carvalho.[3] A tonalidade de ré menor, a mesma que Mozart elegeu para o seu *Réquiem*, expressa a tristeza que se abatera sobre seus amigos. Quis eu que a música que o acompanha no seu ingresso no reino do Grande Arquiteto do Universo fosse tocada por uma coluna de harmonia, da mesma forma que nas solenidades maçônicas. Aos trompetes, trompas, flautas, oboés, clarinetas, fagotes e trombones juntam-se os tímpa-

Troni, Giuseppe *Conde da Barca*
ÓLEO SOBRE TELA, C. 1800
MUSEU NACIONAL DE ARTE ANTIGA, LISBOA

nos, que, em meio à obra, rufam cinco vezes seguidas — ta, ta, ta, ta, ta — a quintessência, os cinco elementos, os cinco vértices da estrela maçônica.

Algum tempo depois, escreveria uma versão para piano a quatro mãos.

O pintor de história De Bret, que chegara a provar da aguardente de cana aperfeiçoada no laboratório de química da casa do senhor Conde, sempre falava com carinho desse meu primeiro protetor brasileiro, que também considerava como o seu. Costumava dizer-me, dando mostras de amizade, que ninguém fora capaz de ultrapassar a melhor afeição, pública e particular, com que o Conde distinguira os franceses, ao admiti-los em sua intimidade. Mais ainda, insistia que fora eu, embora austríaco, após ter residido o primeiro ano com o ministro, quem mais se mostrara digno de honrar a dívida de gratidão pelo acolhimento e apoio de que o grupo foi depositário.

Sem a proteção do Conde, dispersaram-se os artistas e intelectuais franceses. O arquiteto Le Breton instalou-se no Flamengo, os Taunay, na Floresta da Tijuca, Grandjean de Montigny, na Gávea, e De Bret, no Catumbi. Os planos de instalação da nova Escola Real de Ciência, Artes e Ofícios, para a qual haviam se deslocado do Velho Mundo, tornaram-se mais longínquos, agora que seu idealizador não pode mais lutar pela realização do projeto. A oposição à sua atuação vinha de todos os lados, da parte dos artistas portugueses, que os acusavam de usurparem seus postos e, até mesmo do próprio cônsul francês, desconfiado da fidelidade deles ao credo napoleônico.

Após o passamento de meu querido Conde, aceitei a oferta hospitaleira de uma família que se tornou muito querida para mim, a do Barão de Santo-Amaro,[4] que iria rever mais tarde em Paris, para onde foi como embaixador do Brasil.[5] Foi na residência desse futuro marquês que conheci um pouco do cotidiano dos grandes deste Reino.

1. Neukomm, S. Esquisse Biographique écrite par lui-même, *La Maîtrise*, Paris: Typographie Charles de Mougues. Frères, 1859.

2. Brum, J.Z.M. Do Conde da Barca, de seus escritos e livraria, *Anais da Biblioteca Nacional*, v. 2, fasc. 1, 1877.

3. Neukomm, S. "Marche funèbre sur la mort du C[om]te da Barca", n. 153 do catálogo, Biblioteca Nacional da França Ms. 7676 (3) / Ms. 13234.

4. José Egídio Álvares de Almeida, primeiro barão, visconde e marquês de Santo Amaro (Santo Amaro da Purificação, 1º de setembro de 1767–12 de agosto de 1832) foi ministro das Relações Exteriores do Império, embaixador em Paris e Londres, senador.

5. Neukomm, S. Esquisse Biographique écrite par lui-même, *La Maîtrise*, Paris: Typographie Charles de Mougues. Frères, 1859.

N.º 154. du catalogue copié

Nocturne

pour

Hautbois, Cor et Piano-forte

ou Violon et Vllo

composée par

le Chevalier Sigismond Neukomm

(:grave:)

Ms. 7703 (3)

Saraus Noturnos

3 DE JULHO, 1817

Em uma daquelas reuniões que se realizavam em casa do Marquês de Santo Amaro, fizemos prova de algumas músicas que me chegaram da Europa. Todas as vezes que se tratava de cantar, cedia o piano ao padre-mestre, porque melhor do que ele nunca vi acompanhar. Entre várias fantasias, Fasciotti cantou uma barcarola que foi freneticamente aplaudida e repetida. José Maurício, que estava ao piano, como que para descansar, começou a variar sobre o motivo e, com os nossos aplausos, a crescer e multiplicar-se em formosas novidades. Emocionados e interrompendo a nossa admiração com ovações contínuas, ali ficamos até que o toque da alvorada nos veio surpreender.

Ah! Os brasileiros nunca souberam o valor do homem que tinham, valor tanto mais precioso pois que era todo fruto de seus próprios recursos! E como o haveriam de saber? Eu, o discípulo favorito de Haydn, o que completou por ordem sua as obras que deixou incompletas, escrevi no Rio de Janeiro uma missa que foi entregue à censura de uma comissão composta daquele pobre Mazziotti e do irmão de Marcos Portugal, missa que nunca se executou porque não era deles.

Tempos depois, entrando por acaso na Capela Real, ouvi tocar ao órgão umas harmonias que não me eram estranhas; pouco a pouco, fui reconhecendo trechos de minha desgraçada música; subi ao coro, e dei com José Maurício tendo à vista a minha partitura, e a transpô-la, de improviso, para o seu órgão! Aproximei-me dele e fiquei-me algum tempo a admirar a fidelidade e a valentia de execução daquele grande maestro; nada lhe escapava de essencial!...Não me pude conter, abracei-o quando terminou e choramos ambos, sem dizer palavra.[1]

Animado pelos encontros musicais com o padre compositor, empreendi a composição do *Noturno para piano*, oboé e trompa, de que mais tarde fiz uma versão para piano, violino e violoncelo. Assaz virtuosístico, exige a presença dos excelentes instrumentistas europeus importados da Europa para a Real Capela. Agarro-me com os Saraus à oportunidade de usar o talento para algo de útil neste país, onde antes praticamente não existia a música de câmara.

[1]. Porto Alegre, Manoel Araújo. *Apontamentos sobre a vida e obras do Padre José Maurício*, Revista do Instituto Histórico e Geográfico Brasileiro, tomo XIX, 3º trimestre, 1856.

Nunes Garcia Jr.
José Maurício Nunes Garcia
GRAVURA, SÉC. XIX
INSTITUTO HISTÓRICO E GEOGRÁFICO BRASILEIRO,
RIO DE JANEIRO

Pleyel, Ignaz e Dussek,
Johann Ladislaus
Método para o pianoforte
ACERVO COSTA/
LEEMAGE ACERVO
IMPRESSO, 1799
PARIS

✶

AO LADO,
Ender, Thomas
Rancho no caminho para a Mandioca
LÁPIS E AQUARELA, 1817–1818
ACADEMIA DE BELAS ARTES,
VIENA

Carta a uma amiga europeia

12 DE AGOSTO, 1817

"Sophie[1] me diz, cara amiga, que estais muito zangada comigo — meu Deus! Tal afirmativa aterroriza-me (se pudesse nela crer seriamente, ficaria deveras aflito). Para advogar o vosso generoso perdão, envio um Embaixador extraordinário na pessoa do Sr. Gorbunkoff (pronuncie este lindo nome como Garbouncoff), adido do Consulado Geral da Rússia no Rio de Janeiro que está de partida para Hamburgo e fica em Paris por pouco tempo.

Ele vos dirá que estou bem, todos aqui são muito amáveis para comigo. Sou lisonjeado, bajulado, porém não querem deixar ir-me embora — pelo menos dão-me tão pouco soldo que não poderei jamais economizar o suficiente para pagar o meu retorno à Europa.

Embora exista aqui uma multidão que têm a ousadia de se afirmarem professores de música, não há, entretanto, um único que seja sequer medíocre. O preço das lições está à altura do talento desses senhores. Oitenta francos por doze lições é o máximo, mas há alguns infelizes que lecionam duas horas de aula todos os dias por vinte francos por mês!!

Música Secreta

Estou bastante satisfeito de desfrutar aqui de uma certa celebridade, (entre os cegos o caolho é Rei) e todos insistem para que eu aceite alunos – mas a música está ainda a tal ponto na infância neste país que não se percebe que duas lições dadas por alguém que domina a sua arte valem mais que doze outras à maneira deste país. Recusei-me a fazer o triste papel de professor primário em países onde a retribuição, de certa forma, não justifica o tempo despendido, e por razão ainda mais forte abster-me-ei de fazê-lo aqui.

Entretanto, tenho dois alunos (não conto o Príncipe Real, que se ocupa da música como príncipe); uma é a mulher do Cônsul Geral da Rússia, uma antiga amiga à qual dei conselhos durante a minha estadia na Rússia; e a outra é uma senhorita de 16 anos, que tem aptidões extraordinárias e uma aplicação pouco comum. Progride espantosamente, mesmo que me tenha sido necessário empregar os primeiros meses para fazê-la esquecer o pouco que tinha aprendido em mais de três anos, para enfim colocá-la no caminho certo. Como havia concluído sua educação, pensei poder exigir que trabalhasse ao menos oito horas todos os dias; ela achou que isso não era suficiente e a pobre criança trabalha mais de dez horas, seguindo escrupulosamente as indicações que lhe dei.

A estimada Sophie escreve-me dizendo que haveis composto encantadores noturnos; estou persuadido que tudo o que farás terá sempre a marca de um gosto delicioso; mas fazeis muitas dessas pequenas bagatelas e temo que o gênero a faça perder a confiança em vossos recursos para empreender obras mais dignas de vosso talento. Vou admoestá-la se não me afirmar em sua próxima carta que trabalhais em um belo ato para a Ópera cômica. Entretanto, não elegeis poema para mais de um ato e, sobretudo, nenhuma complacência para com o poeta, peço-vos.

Quanto a mim, trabalho muito e às vezes não consigo evitar uma fraqueza paternal. Verás, meu eterno 'Kyrie eleison' ainda far-me-á conquistar os céus; lá então, juntos, faremos música com Durante, Pergolesi, Jomelli, Palestrina, Haydn e Mozart.

Adeus, amai-me sempre e diga-me o sempre
Neukomm

Mil lembranças amáveis para Mademoiselle sua irmã.[2]

P.S. Excluo do comentário desabonador sobre os mestres de música, o Padre José Maurício, mantenedor desde 1795, às próprias expensas, de uma aula para

pobres em propriedade na Rua das Belas Noites, bem próxima da antiga residência do falecido Conde da Barca, que lhe foi doada a fim de comprovar propriedade e ascender à ordenação como Padre."[3]

....

1. Trata-se provavelmente da compositora Sophie Gail, grande amiga de Neukomm.
2. Neukomm, S. Carta em francês endereçada a uma amiga europeia, datada de 12/8/1817, tradução da autora, Wiener Stadtbibliothek, S.N. 39669.
3. Mattos, Cleofe Person de. *José Maurício Nunes Garcia: Biografia*, Rio de Janeiro, Fundação Biblioteca Nacional, 1996. p. 44.

Ender, Thomas
Música na proa da fragata Áustria,
LÁPIS E AQUARELA, 1817
ACADEMIA DE BELAS ARTES,
VIENA

AO LADO:
Debret, Jean-Baptiste
SS. AA. RR. D. Pedro e D. Leopoldina (detalhe)
AQUARELA, 1818
MUSEUS CASTRO MAYA,
RIO DE JANEIRO

Missa Leopoldina

6 DE NOVEMBRO, 1817

A Corte preparou-se minuciosamente para receber Sua Alteza a Princesa Real. E veio a princesa cercada de um séquito numerosíssimo, de cerca de 1.220 pessoas.[1] Sua comitiva traz a maior expedição científica que jamais visitou o Novo Mundo, da qual fazem parte vários sábios austríacos, como Pohl e Natterer, além dos naturalistas bávaros Spix e Martius, e o jovem pintor Thomas Ender. Para suavizar a longa viagem, foi embarcada em Lisboa uma banda contratada por El Rei D. João, a cargo do excelente clarinetista saxão Erdmann Neuparth, que naquela cidade se encontrava desde 1814. Foram os músicos da harmonia escolhidos entre os melhores e mais próprios que ali habitavam e, tamanho foi o contentamento com a sua atuação, que a Arquiduquesa lhes recompensou com 34 peças de 6$400 réis.[2]

Para o seu desembarque, construiu-se um arco romano, projetado por Grandjean de Montigny e pintado por De Bret. Toda a Rua Direita, desde a Ladeira de São Bento até a Real Capela estava coberta de fina e alva areia, além de juncada de flores e ervas odoríferas; as portas e janelas se ornaram com cortinados, e colchas de seda de variadas cores.[3]

Sua Majestade e a Família Real esperavam no cais de São Bento pela Arquiduquesa, agora Princesa do Reino Unido, conduzida pela mão do seu augusto esposo. Dali foram todos para a Capela Real, onde se ouviu o Te Deum Laudamus de Marcos Portugal cantado pelos músicos da Real Capela e regido pelo autor. No dia seguinte, houve serenata na Real Quinta da Boa Vista, iniciada pela sinfonia de Inácio de Freitas, músico da Real Câmara; depois o Príncipe Dom Pedro cantou uma ária, e as infantas Dona Maria Teresa e Dona Isabel Maria cantaram outras. Seguiu-se a execução do drama *Augurio di Felicitá*, outra composição de Marcos Portugal, terminando a função com um elogio também em italiano, recitado por um dos melhores músicos de Sua Majestade.[4] No terceiro dia, houve apresentação da ópera *Merope*, também de autoria do compositor português, no Real Teatro de São João.

A data de 15 de novembro, dia de São Leopoldo, padroeiro do augusto nome da Princesa, passou a ser festejada a partir deste ano com as usuais demonstrações de público obséquio, embandeirando-se as fortalezas, e navios de guerra, que dão as salvas do estilo; e igualmente se vestiu a Corte de gala, e concorreram ao Paço da Real da Boa Vista muitas pessoas distintas de todas as classes para cumprimentar o Rei, Suas Altezas Reais e a Princesa Real. Antes mesmo de concluir a Missa para a Aclamação, homenageei a nova data festiva com a *Missa Sancti Leopoldi*, que não foi e nunca será aqui tocada, ao contrário da *Missa Festiva* composta pelo português e que sempre emprega todo o instrumental para se executar com bastante número de vozes. Dona Leopoldina é, como próprio de uma arquiduquesa austríaca, assaz cultivada, conhece profundamente mineralogia, fala diversas línguas e é bastante agradável no trato com todos. Guarda certa reserva a meu respeito e, possivelmente, desaprova a minha fidelidade à maçonaria, razão principal de afastar-me de nossa pátria comum. Excelente pianista, dediquei-lhe ainda as Variações sobre um tema de seu professor em Viena – Kozeluch –,[5] para piano com acompanhamento ocasional de violoncelo.

Fiquei, então, bastante satisfeito de saber que os músicos da harmonia que acompanharam a Arquiduquesa Leopoldina na sua viagem para o Rio de Janeiro não mais retornariam a Portugal, como era a intenção inicial. Tendo tocado em São Cristóvão para Sua Majestade, foram logo convidados por el-

Frübeck, Franz
O navio que levou a Imperatriz Leopoldina...,
GUACHE, 1817. COLEÇÃO PARTICULAR, SÃO PAULO

Rei a ficar no Rio de Janeiro, tal a excelência de sua maestria. Bastou Neuparth decidir-se a ficar, para ser imitado por todos... menos um, sendo-lhes atribuída a pensão real de 207$680 réis.[6] Posso, agora, finalmente dedicar-me a escrever obras para essa coluna mais elevada da harmonia e, no ensejo da primeira comemoração da data natalícia de Dona Leopoldina em terras brasileiras, escrevi em sua homenagem a *Marcha para Grande Orquestra Militar*,[7] que também transcrevi para piano a quatro mãos.

---

1. Wagner, Robert & Bandeira, Júlio. "A noiva do Príncipe Herdeiro de Portugal Arquiduquesa Leopoldina", in *Viagens ao Brasil nas aquarelas de Tomas Ender: 1817–1818*, Petrópolis: Kapa, 2000. v. 1, p. 39.
2. Neuparth, E. Autobiografia. In Binder, F. *O Dossiê Neuparth*, Campinas: Rotunda n. 4, abril 2006, p. 71–101. (http://www.iar.unicamp.br/rotunda)
3. Santos, Luiz Gonçalves dos (Padre Perereca). *Memórias para servir à história do Reino do Brasil*, Rio de Janeiro: Zélio Valverde, 1943. p. 588–590. 4. Ibidem, p. 600.
5. Leopold Kozeluch (1747–1818) compositor e professor tcheco.
6. Neuparth, E. Autobiografia. In Binder, F. op. cit.
7. Neukomm, S. "Marche à grand orch[es]tre milit[ai]re pour la fête de S. A. R. Me. la P[ince]sse Roy[al]e", n. 158 do catálogo, Biblioteca Nacional da França Ms. 7676 (4).

Debret, Jean-Baptiste
Cerimônia da Faustíssima Aclamação de S.M. o Senhor D. João VI (detalhe)
AQUARELA, 1818
MUSEUS CASTRO MAYA, RIO DE JANEIRO

AO LADO:
Debret, Jean-Baptiste
Cetros, Coroa e Manto Real
PRANCHA 10 DO TERCEIRO VOLUME DO ÁLBUM
VIAGEM PITORESCA, 1839 FIRMIN DIDOT, PARIS

Aclamação

6 DE FEVEREIRO, 1818

Em fins de janeiro, meu anfitrião, o barão e futuro Marquês de Santo Amaro, chegou do Paço trazendo o decreto que anunciava para o augusto dia 6 de fevereiro de 1818 a nova data da aclamação de Sua Majestade, agora que parece que nada mais possa impedir a grande celebração tantas vezes adiada.

Contou-me o barão que o Rei desejava que as festas para tão importante cerimônia fossem as mais esplendorosas e magníficas já realizadas no Novo Mundo, o que significa que as ideias de meu benfeitor continuam presentes. Dom João queria, com isso, olvidar a espera de dois anos, ora pelos jacobinos em Recife, ora pela insistência dos ingleses em que retornasse à Europa, para que recebesse de seus povos o tantas vezes protelado juramento pela sucessão ao trono.

Os preparativos, que remontavam aos idos de março de 1816, quando cessaram as lágrimas de tristeza e nojo pelo passamento da Rainha Dona Maria I, iriam finalmente ser coroados segundo o plano das ordens executadas no dia do cerimonial de aclamação de D. João. Assim estava escrito:

"sendo justo que, conforme o uso antigo, costumes destes Reinos, se me faça o juramento, preito e homenagem, pelos grandes títulos, seculares e eclesiásticos, vassalos e mais pessoas de nobreza: fui servido nomear o dia 6 do mês próximo futuro para esta solenidade, que se há de celebrar na varanda que para este efeito se mandou levantar no terreiro do Paço."

MM. Grandjean de Montigny, De Bret e Auguste Taunay construíram os mais belos adereços para a ornamentação da cidade. Entre eles, destacava-se, sobretudo, os do Largo do Paço, onde foram erguidos um templo, em estilo grego, consagrado a Minerva e dedicado ao rei, um arco de triunfo, em estilo romano, e um grande obelisco – tudo isto profusamente iluminado por meio de lampiões de folha de flandres. Coubera ao gentil M. Taunay modelar a enorme estátua de Minerva que oferecia sua égide ao busto do monarca, colocado sobre um pedestal, além de diversas grandes figuras em relevo, como a História e a Poesia, estátuas mitológicas e os baixos-relevos do arco de triunfo que, como composição principal, sustentavam grande grupo, representando a fantasia dos dois rios míticos do império luso-brasileiro: o Tejo e o Rio de Janeiro, descansando sobre os brasões coroados do novel Reino Unido.

No meio da praça se elevava um obelisco à imitação das agulhetas do Egito, que se veem eretos hoje nas principais praças de Roma; tinha este obelisco mais de cem palmos de altura, e fingia ser de granito: na frente do chafariz no lado do mar se via erigido um soberbo arco de triunfo à romana, onde estava encenado o desembarque de D. João, este amparado pela América e recebendo as chaves da cidade, além das homenagens que as Artes e o Comércio prestavam a el-Rei de dois mundos, intitulado 'Libertador do Comércio', no friso que encimava as armas do Reino Unido com o monograma J.VI. Esses dois monumentos foram oferecidos pela Junta do Comércio, através do negociante João Rodrigues Pereira de Almeida. Mais adiante no mesmo lado do mar, e quase fronteiro ao Paço, erguia-se o lindo templo, já mencionado, presente do Senado da Câmara. O templo de bela arquitetura de ordem dórica-grega completava ironicamente aquilo que formava o estilo preferido do inimigo Bonaparte. As 12 colunas do recinto eram lisas, e imitavam o granito rosa, o entablamento, e o atiço fingiam granito cinzento, e as molduras das cornijas eram bronzeadas. Fazia uma agradável sensação a vista simultânea destes monumentos, grego, romano, e egípcio, a aguçarem a inteligência dos brasileiros, e me remetiam a Paris.[1]

Como descrever a grandiosidade desse Rito Magno da fundação de um Império cuja sede no Brasil levaria a glória da Dinastia dos Bragança às cinco partes do Mundo, desde o Timor, nos Mares do Sul, à Europa, à África, às Índias Orientais e à China. Lembro-me que chovia, estávamos em plena época da canícula e os trajes de gala – ainda guardo o meu com as condecorações portuguesas – tinham algo de insólito, nos fazendo escorrer como água debaixo deles. A cerimônia que se passou, apesar dos adornos parisienses, teve algo de uma grandiosidade barroca há muito desaparecida entre nós, muito diferente da que conheci na Áustria de minha infância. Havia um lado excessivo, cheio, exótico, não europeu, que fazia tudo parecer grandioso, mas ao mesmo tempo deslocado nessa grande varanda erguida na frente do secular convento carmelita, unida por uma passarela ao Palácio dos Vice-Reis, agora sede do novo Reino do Brasil. Era como se os atavios da cerimônia fizessem jus aos muitos títulos deste soberano que, além de Rei do Reino Unido de Portugal e Brasil, era soberano dos Algarves, d'Aquém e d'Além-Mar em África, Senhor da Guiné e da Conquista, Navegação e Comércio da Etiópia, Arábia, Pérsia e Índia *et coetera* Nela se misturavam os excessos de Goa e Macau que já ocupavam os interiores das igrejas com talhas e dourações e lacas.

A cerimônia teve início no Paço com a descida do rei para a varanda do palácio especialmente preparada para a ocasião.[2] A influência importada da Inglaterra na cerimônia para o Brasil estava visivelmente estampada no vermelho dos uniformes de aparato da Corte, como os que trajavam os dignitários e grandes do reino naquele dia. A Sagração oferecia, assim, o espetáculo de Dois Mundos, um europeu, mais tradicional, como a da Aclamação de um Rei pelo Direito Divino, e um outro, de terras pagãs, onde qualquer régulo acredita ser uma divindade viva. Mas, mesmo a parcela europeia era pelo menos anacrônica, para não dizer insólita. O grande manto real, à imitação do primeiro usado pelo Rei Luís XIV, revestia não as vestes togadas e decoradas com os símbolos da dinastia, também trajadas tradicionalmente pelos reis de França, porém um moderno uniforme militar que não terminava em botas, mas em *escarpins* e calções de seda brancos. O rei guardou, contudo, a peruca branca dos luíses, mas encimada com um bicorne à moda de Bonaparte, além de ter sido também retratado pelo meu companheiro M. De Bret, na pose, hoje desusada, que os soberanos franceses, mesmo o Imperador, usaram até o Rei Luís Filipe.

A Sagração teve seu momento de magnificência quando D. Tomás Antônio de Vila Nova Portugal, que havia substituído meu amigo o Conde da Barca e conservava os seus ideais de um Império no Brasil, terminou a leitura do voto formulado pelas províncias do Brasil. O rei dirigiu-se, então, ao trono debaixo de um dossel coroado, onde recebeu das mãos do Visconde do Rio Seco, o cetro de ouro em uma rica salva dourada, que segurou com a direita, dando início à etapa mais importante: o Juramento.

O ministro Tomás Vila Nova Portugal, obedecendo à risca o secular ritual, autorizou a entrada do desembargador do Paço, que anunciou: "Ouvi, ouvi, ouvi, estai atentos". Depois de recitar uma "bela oração" e se retirar, teve lugar a parte religiosa da solenidade, quando o bispo capelão-mor recebeu dos mestres de cerimônias da Real Capela o missal aberto, e sobre ele o crucifixo de prata, os dois depositados sobre uma mesa próxima ao rei. Para fazer o juramento de sua dinastia, o rei se ajoelhou em uma almofada de veludo carmesim bordado, mudou o cetro para a mão esquerda e pôs a mão direita sobre a cruz e o missal, então, conforme as palavras lidas por Vila Nova Portugal, jurou diante do bispo capelão-mor. De volta ao trono real, o rei assistiu ao juramento do príncipe D. Pedro, que em seguida beijou a mão de Sua Majestade Fidelíssima, o mesmo fazendo o infante D. Miguel.

Naquele instante, quando o bispo chamou ao trono do novo Reino Unido Dom João VI pela Graça de Deus, confesso que fiquei muito emocionado... creio que pressentia ser este o último rei do Ancien Régime, mesmo que sagrado no Novo Mundo. El-Rei declarou o aceite seguido do juramento dos vassalos, quando o alferes-mor bradou: *Real, Real, Real, pelo Muito Alto, e Muito Poderoso Senhor Rei D. João VI Nosso Senhor*", repetido por todos, ao mesmo tempo que soavam os instrumentos da orquestra. O entusiasmo geral dos espectadores prosseguiu, aos gritos, se manifestando com a aclamação de *Viva el-Rei Nosso Senhor* e o gesto festivo português e brasileiro de agitar o lenço.

A bandeira real branca, com os escudos dos reinos de Portugal e Brasil, no centro, foi então desfraldada. O Rei sentou-se ao trono, de chapéu na cabeça e cetro na mão, estando a coroa colocada numa almofada ao seu lado. À sua direita achavam-se os príncipes D. Pedro e D. Miguel que, como toda a

Música Secreta

Taunay, Hippolyte
Memorável aclamação do Senhor D. João VI
GRAVURA, 1818. COLEÇÃO PARTICULAR

Debret, Jean-Baptiste
Archeiros do Paço (detalhe)
AQUARELA, 1822
MUSEUS CASTRO MAYA,
RIO DE JANEIRO

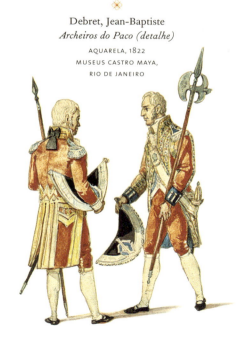

Montigny, Grandjean de, e Debret, Jean-Baptiste
Monumento erguido pelo Senado do Rio de Janeiro em 6 de fevereiro de 1818 por ocasião da Aclamação de D. João como Rei do Reino Unido
GUACHE E AQUARELA, 1818
MUSEU PALÁCIO NACIONAL D'AJUDA, LISBOA

audiência, estavam descobertos, o mais jovem segurava, desembainhada e erguida, a espada de condestável. O capitão da Guarda Real dos Archeiros do Paço manteve-se ao pé do trono, junto ao primeiro ministro, com seu uniforme também escarlate, o mesmo grande uniforme que eu vestiria em 1842, no cinquentenário da morte de Mozart.[3]

Havia uma peculiaridade na cerimônia: apenas os homens encontravam-se próximos de Sua Majestade. Para a rainha e as infantas fora destinada uma tribuna, quase uma *loggia*, no alto, à esquerda de Sua Majestade. E, atrás das mulheres da família real, apertavam-se as damas de honra que permaneciam sentadas.

Foi o pintor de história De Bret quem bem registrou o momento num livro de gravuras. As personagens reais estão colocadas na seguinte ordem: a rainha, que ocupava o lugar mais próximo ao trono, era seguida da princesa real Arquiduquesa Leopoldina — as únicas a terem a cabeça ornada, como o Rei, de penas brancas. Todas as outras princesas exibiam penas vermelhas, entre elas minhas alunas Dona Maria Teresa, nessa época chamada 'a jovem viúva', e Dona Maria Isabel, seguidas de Dona Maria Francisca, Dona Isabel Maria e, finalmente, Dona Maria Benedita, a viúva do príncipe Dom José e tia do rei.

Dois compridos estrados de alturas diferentes ocupavam o centro da galeria, montada na fachada do antigo convento carmelita, e se prolongavam até o pé do trono. Os dois lados das três primeiras colunas estavam reservados aos dignitários da nobreza e do clero; seguiam-se os representantes das potências estrangeiras. O sempre *snob* cônsul Maler parecia indignado, como se fosse um desplante essa aclamação em terra que considerava estrangeira, uma "colônia". Com suas maneiras *sans noblesse*, mais se enojava de encontrar no Paço, como vira com os próprios olhos, os dois deputados da nova província de Montevidéu gozando da entrada na única antecâmara destinada às pessoas notáveis. *"É assim* — exclamava ele transido de horror para Villalba, o encarregado de negócios da Espanha, diante do que era para ele uma quebra do tradicional privilégio — *que vemos traidores serem acolhidos com distinção no palácio dos reis."* Toda essa petulância escutei, como muitos outros, impassível, de meu lugar na galeria, na parte reservada aos demais convidados, onde me encontrava por especial favor de Sua Majestade e seu ministro Vila Nova Portugal.

El-Rei fez uma aparição no balcão central da varanda para mostrar-se ao povo e receber as primeiras homenagens. O mesmo povo que vimos, por detrás das 19 arcadas abertas para a praça. A música provinha da banda composta pelos músicos austríacos que acompanharam a princesa durante a travessia, colocada sobre um estrado cercado de balaustrada erguido entre o envasamento do balcão de honra e o povo. O comandante da praça e dois oficiais de seu estado-maior mantiveram-se no centro de um espaço mantido vazio em torno da grande tribuna. Pelotões de infantaria e da cavalaria distribuíam-se entre a massa de espectadores espalhados pelo largo do palácio. Isso me fez lembrar que o conjunto dessas medidas militares contribuiu bastante para tranquilizar o novo rei, temeroso da explosão de um motim popular fomentado pelo descontentamento dos portugueses enciumados com sua longa permanência no Brasil. Não há dúvida que os grandes do Velho Mundo sentiam um desgosto semelhante ao do referido Maler, mas a alegria dos brasileiros era tamanha que não admitia porfia com os sentimentos invejosos. Brancos e negros, mesmo os onipresentes escravos, ou os índios, cujos chefes cobertos de peles de tamanduá vestiam calças de pano da China, todos, como um coro grego, gritavam vivas como se estivessem diante de um rei mágico, de um Próspero que a todos fosse libertar com sua flauta mágica.

Todos olhávamos Sua Majestade, el-Rei, como se este caminhasse sobre um chão de rosas. Víamos, de um lado, a África, a lhe oferecer suas riquezas, e de outro, a América, coberta pelo real manto, a entregar seu coração. Circulava nas mãos do povo uma folhinha com belos versos compostos em homenagem a Sua Majestade que reproduzo a seguir:

"América feliz tens em teu seio,
Do novo Império o Fundador Sublime:
Será este o País de Santas Virtudes,
Quando o resto do Mundo é todo crime.
Do grande Affonso a Descendência Augusta,
Os Povos doutrinou do Mundo Antigo:
Para a Glória
esmaltar do Novo Mundo
Manda o Sexto João o Céu amigo."

Debret, Jean-Baptiste
*Estudo para o quadro da
Aclamação de D. João VI (detalhe)*
AQUARELA, 1818
MUSEUS CASTRO MAYA,
RIO DE JANEIRO

El-Rei dirigiu-se então para a Capela Real a fim de assistir ao Te Deum com música de Marcos, o derradeiro ato da portentosa cerimônia. Feitas todas as reverências na igreja e, depois de ter iniciado a missa e o verso, o oficiante, reverenciando Sua Majestade e Altezas, cruzou ao meio do altar, e fazendo inclinação com a relíquia e a cruz, fez a bênção pontifical que, acabada, o condestável do Reino, o abade e o alferes mor, praticaram o mesmo abatendo a bandeira real.[4]

A cerimônia da aclamação terminou ainda à luz do dia e a galeria foi iluminada para o regresso do cortejo, após o Te Deum, quando o rei – e toda a família – se retirou para seus aposentos por uma porta aberta, ao final da galeria, atrás do trono, que conduzia à passarela de ligação entre a Capela e o Paço.

Com o cair da noite, as manifestações de júbilo, entretanto, prosseguiram entre os reinóis. As iluminações mais brilhantes eram as do Campo de Sant'Anna, transformado em jardim, com um palacete central de madeira, e com fortins fingidos, nos quatro cantos, em cujas esplanadas se tocavam músicas e em cujas salas d'armas se serviam café e refrescos. Mesmo ao crepúsculo, o improvisado jardim aclarava-se como se fosse dia: circundavam o tanque central com repuxo 16 estátuas iluminadas e, nas alamedas que para ali convergiam, deparavam-se 102 pirâmides luminosas. Soube que o cônsul Maler – e o elogio não é fraco vindo de quem veio – declarou que o Campo de Sant'Anna exibia brilho e gosto suficientes para fazer pensar nas Tuilleries e nos Champs Elysées, quando iluminados.

No dia seguinte, 7 de fevereiro, teve lugar no mesmo Campo de Sant'Anna a parte popular das festas. No vasto recinto da praça de touros efetuaram-se evoluções militares, deram-se danças e funcionou um *theatre* onde, em presença da Corte, se representou uma mágica, se executou um bailado alegórico e durante perto de uma hora se recitaram poesias alusivas, se pronunciaram alocuções patrióticas e se cantou o hino.[5] Todas essas manifestações das artes e do espírito franceses na América fizeram-me voltar às festas de 1815 em Viena, quando eram, no mais das vezes, os talentos de artistas franceses, como os senhores Jean-Baptiste Isabey, o discípulo de David, e do arquiteto Moreau, que davam brilho aos salões.

1. Segundo a descrição do Padre Perereca, pp.632–34.

2. A narração a seguir teve por base as legendas das pranchas 36–40 do *Voyage Pittoresque et Historique au Brésil*, Paris: Firmin Didot, 1839.

3. Neukomm, S. Esquisse Biographique écrite par lui-même, *La Maîtrise*, Paris: Typographie Charles de Mougues. Frères, 1859.

4. Anônimo. Casa Real Portuguesa. Biblioteca Nacional do Rio de Janeiro. II, 30, 24, 3, apud Monteiro, M. *A construção do gosto: música e sociedade na Corte do Rio de Janeiro. 1808–1821*, São Paulo: Ateliê Editorial, 2008, p. 82.

5. Segundo Oliveira Lima, in *Dom João VI no Brazil*, Topbooks, 4 ed., 2006, pp.992–3.

Debret, Jean-Baptiste
*Aceitação provisória
da Constituição de Lisboa*
GRAVURA, PRANCHA 45 DO
TERCEIRO VOLUME DO ÁLBUM,
1839
VIAGEM PITORESCA,
FIRMIN DIDOT, PARIS

AO LADO:
Debret, Jean-Baptiste
Cenário (detalhe)
AQUARELA, C. 1817–1829
MUSEUS CASTRO MAYA,
RIO DE JANEIRO

Bailado histórico

13 DE MAIO, 1818

P ouco tempo após os festejos da aclamação fui acometido por uma febre tísica à qual sobrevivi unicamente pelo desvelo do Dr. Carvalho e do físico inglês, o Mr. Keller. Foram quatro meses de suplícios durante os quais não pude sequer compor.[1] Ofereci a Mr. Keller a obra por mim escrita ao deixar o leito – a *Missa a Duabus Vocibus* –, a duas vozes acompanhadas de órgão – a sexta missa de minha composição, que inscrevo em meu catálogo no dia festivo do natalício de el-Rei.

Felizmente, já estava eu restabelecido a tempo de testemunhar as festividades comemorativas da ditosa efeméride, após o período da quaresma. Elas ocorreram no Real Teatro de São João, onde se pode assistir à brilhante *performance* do *castrato* Fasciotti[2] na ópera *Coriolano* com música de Niccolini e texto de Romanelli,[3] em que se viam os personagens de Mercúrio, Amaltea, Portugal e Brasil. No intervalo entre o primeiro e o segundo ato, viu-se a pantomima "O Prodígio da Harmonia ou o Triunfo do Brasil", concebida pelo eminente bailarino e coreógrafo Luis Lacombe, casado com a diva Mariana Scaramelli, ambos chegados a essa Corte com o Marcos.

Ao final do baile, foi apresentada ao público a magnífica tela *Ballet Historique* de M. De Bret que, com essa obra marca a sua estreia na função de cenógrafo do Real Teatro. O belíssimo quadro, em tons predominantemente dourados, representa, no centro, el-Rei Dom João VI em uniforme real, de pé sobre um pavê suportado pelas figuras características das três nações que compõem o Reino Unido de Portugal, Brasil e Algarves. Logo abaixo desse grupo principal, estão as figuras ajoelhadas do Himeneu e do Amor, com os retratos do Príncipe e da Princesa real, que seguram as iniciais – P e L – entrelaçadas dos nomes dos jovens esposos, formando um monograma por cima do altar ardente do matrimônio. A cena se passa sob a abóbada etérea na qual os deuses do Olimpo, reunidos, concedem dádivas de apoteoses a esse episódio histórico. Na parte inferior da tela, vê-se o mar por onde singram, do lado direito, Netuno, que carrega o pavilhão do Reino Unido e, do outro lado, Vênus, em sua concha marinha puxada por dois cisnes conduzidos por Cupido, trazendo as Graças, sustentando os escudos unidos e coroados das duas nações recém-aliadas. Delfins circulam por toda a cena entre os diversos planos do mar, parando no último quadro para formar o caminho de acesso das dançarinas que deviam levar suas oferendas ao pé do altar do Himeneu pintado no pano de fundo do palco. Esse grupo imenso, da população dos reinos unidos, que se projeta artisticamente até o proscênio, para unir-se a guerreiros de todas as armas, produziu o maior efeito. Nuvens isoladas suportavam Gênios animados dessas mesmas nações e povoavam toda a parte superior da tela, inteiramente pintada em transparências, até o primeiro plano do teatro. Este foi um triunfo do mestre de bailados Luis Lacombe, que emprestara seu talento sob todas as formas ao conjunto das festas, mas o cenário foi obra exclusiva do incansável M. De Bret.

Tal foi o sucesso desta *mise-en-scène*, que ensejou a reapresentação da mesma pantomima, tendo novamente como *décor* o magnífico Bailado Histórico, por ocasião da data de 24 de junho, do santo patrono de el-Rei. Desta vez a ópera era *La Vestale* de Puccitta,[4] sobre libreto do mesmo Romanelli, tão apreciada nesta Corte que se assiste à mesma todos os anos.

O primeiro semestre de 1818 foi a culminação de todo o tempo em que vivi na Corte fluminense, durante os cinco anos da minha estada no Rio de Ja-

◆ *Música Secreta* ◆

Debret, Jean-Baptiste
Pano-de-boca do Teatro Real de São João
AQUARELA, 1818. MUSEUS CASTRO MAYA, RIO DE JANEIRO

neiro, quando recebi todo tipo de mimo por parte da generosidade da família real e dos súditos de Sua Majestade, cuja real pessoa encheu-me sempre de bondade. Inspirado pela importância do acontecimento, já havia empreendido a escrita desde abril de 1817 de minha obra de maior vulto em terras brasileiras – a *Missa Solene para a Aclamação de S. M. João VI* – à qual acabo de acrescentar o Laudamus Te e o Quoniam.

1. Neukomm, S. Catálogo manuscrito, comentário após o n. 0158b: « Un commencement de Phtysie nerveuse a occasionné une grande lacune dans ce catalogue ». Biblioteca Nacional da França Ms. 8328.
2. Pacheco, A.J.V. "Cantoria Joanina: A prática vocal carioca sob influência da corte de D. João VI, castrati e outros virtuoses", Tese de Doutorado, Unicamp, 2007, p. 88.
3. *Gazeta do Rio de Janeiro*, 15/5/1818.
4. *Gazeta do Rio de Janeiro*, 27/6/1818.

Debret, Jean-Baptiste
*O palácio
(Fazenda) de Sta Cruz*
AQUARELA, 1818
MUSEUS CASTRO MAYA,
RIO DE JANEIRO

AO LADO:
Rodrigues
*Retrato de Marcos
Antonio Portugal*
GRAVURA, SÉC. XIX
COLEÇÃO PARTICULAR

Duelo de gênios

29 DE AGOSTO, 1818

Confidenciara-me José Maurício que estava cansado do afã a que é obrigado diariamente a submeter-se para atender às exigências de el-Rei. Este, é certo, muito apreciava a sua música, tanto que lhe encarregou, desde que aqui chegou, de cuidar de todas as funções da Real Capela. A faina tem lugar quase todos os dias, pois, acrescidas ao calendário litúrgico habitual, estão as festas de natalícios, batismos, casamentos e enterros de membros da família real, além de comemorativas pela chegada de D. João, *et coetera*. Com sua verve, o Padre não soube se limitar a cuidar do bom decurso dos ofícios e, ao longo dos três anos em que esteve Marcos longe do Rio de Janeiro, escreveu mais de 70 obras.

Conta-me que, desde tempos idos, admirava a inspiração de Marcos, de quem seu tutor Salvador José lhe mostrara muitas obras. À margem da antiga capital do reino – Lisboa – buscava espelhar o brilho da música da sede da corte, com seus parcos recursos e o os poucos músicos com quem podia contar. Assim que travou contato com a famosa ópera *Zaira* de Marcos, estreada

Anônimo
O Teatro S. Carlos
LITOGRAFIA, SÉC. XIX
COLEÇÃO PARTICULAR, LISBOA

em 1802 no Teatro S. Carlos naquela capital, ensaiou seus primeiros passos na música de teatro e escreveu em 1803 a abertura *Zemira*, uma de suas poucas obras neste campo.

Relata-me ainda que modificou sobremaneira o seu modo de compor com a chegada da Corte. Antes de 1808, escrevia em estilo pouco ornamentado, privilegiando a massa coral, já que bons solistas por aqui quase não havia. De fato, uma das únicas que se destacavam era a Joaquina Maria da Conceição da Lapa, a Lapinha, dedicatária de algumas de suas obras mais exigentes, como a *Ulisseia*, com carreira em Lisboa e no Porto, que hoje já não canta. Com a chegada dos *castrati* em 1810, D. João, ansioso por ouvi-los, encomendou a Marcos uma *Missa Festiva* para comemorar a vitória dos portugueses contra os franceses. O Portugal por aqui ainda não se encontrava e foi o gentil Padre mestre que a regeu, o que lhe deu ganas de também escrever música em estilo italiano, com recitativos acompanhados e árias de

Portogallo, Marco
La Donna di Genio Volubile
MANUSCRITO, 1796
VENEZA

grande virtuosidade. Em dezembro daquele ano estreava a magnífica *Missa a N. Sra. da Conceição*, a mais longa que jamais compusera e a de maior efetivo orquestral. Além do coro a quatro vozes, a obra teve seis solistas, entre eles o *castrato* Capranica, estrela também da *Missa Festiva* de Marcos. Era o início de uma competição entre o Velho e o Novo Mundo, a qual tive o privilégio de acompanhar em parte.

Ainda antes de minha chegada, em dezembro de 1811, os dois talentos confrontar-se-iam novamente. Marcos fez a estreia operística no Brasil com sua famosa ópera *O ouro não compra amor*, apresentada no Teatro Régio[1] por ocasião da data natalícia de Sua Majestade a Rainha Maria I. Pouco afeito à escrita de obras para teatro — só havia escrito até então uma ópera para o aniversário da rainha em 1809, *Le Due Gemelle* — José Maurício reescreve a sua *Missa Pastoril para a Noite de Natal*, agora acompanhada de grande número de instrumentos e com trechos dedicados a cada

≈ Música Secreta ≈

um dos três *castrati* da Corte: "Qui Tollis" a Gori, "Laudamus Te" a Cicconi e "Qui Sedes" a Capranica. A missa retrata muito bem o que se passava em seu íntimo; alterna o bucólico tema enunciado pela clarineta, introdutória do coral em uníssono, com árias de virtuosidade teatral. Apesar de continuar ocupando oficialmente o posto de Mestre de Capela, com o salário de sempre, Marcos Portugal tem a posição de músico da Corte, sendo o encarregado da música para os momentos solenes e as grandes festividades, como a do Natal. Assim, o que se ouviu na Capela Real no Natal de 1811, como o próprio José Maurício contou-me, não foi a sua primorosa *Missa Pastoril*, mas as *Matinas do Santíssimo Natal* do compositor português.

El-Rei, que parece divertir-se com esse duelo de gênios, ordenou aos dois músicos que escrevessem, ambos, obras para o dia do martírio de São João, em 29 de agosto, para o qual almejava ter grande aparato na Real Fazenda de

Ender, Thomas
Vista do Teatro São João no Rio de Janeiro
LÁPIS E AQUARELA, 1817–1818
ACADEMIA DE BELAS ARTES,
VIENA

Música Secreta

Santa Cruz com a presença de toda a fidalguia. Os talentos de José Maurício e Marcos seriam cotejados na esmerada e sensacional apresentação.

José Maurício escreveu em apenas 20 dias o *Moteto*[2] e a *Grande Missa em fá Maior,*[3] para coro e orquestra formada por cordas e bastante sopros, a saber, flautas, oboés, clarinetes, fagotes, trompas, trompetes, trombones, oficleide e percussões. A boa execução dessa Missa só foi possível graças ao concurso dos instrumentistas do Paço de São Cristóvão, deslocados a Santa Cruz para se juntarem à orquestra local de negros e escravos. Entrementes, Marcos consumiu um mês inteiro para compor as matinas para duas únicas vozes acompanhadas apenas de órgão. Parece até que não queria se dar ao trabalho de confrontar-se ao outro.

Enfim, chegando o grande dia, iniciaram as solenidades as prometidas Matinas, seguindo-se a pomposa Missa de José Maurício, grande sermão, e à noite o magnífico Te Deum, tudo com vistosos fogos e ensurdecedoras salvas de morteiros, estrondando continuamente.

Terminada a missa, ao descerem do coro os dois maestros, enquanto Marcos Portugal era aplaudido pelos fidalgos, todos portugueses, José Maurício recebia entusiástica saudação dos fiéis brasileiros que lotavam a Capela de Santa Cruz. Recebidos na tribuna real para os cumprimentos do rei, este mais admiração dedicou a José Maurício quando soube, dias após, do curto prazo para preparo de sua Missa "tão harmoniosa e arrebatadora". Mais uma vez curvo-me de admiração diante da excelência deste padre músico que, sem nunca ter ido à Europa, é capaz de exercer o seu talento com tal brilho.[4]

---

1. Este foi o nome com que foi batizado o Ópera Nova, antigo Teatro de Manuel Luís, construído ainda na Colônia e localizado na atual Praça XV, na vizinhança do Paço, nos anos 1808–13, antes da inauguração do Real Teatro de São João no Rossio, atual Praça Tiradentes.

2. CPM 63 – Mattos, C.P. *Catálogo Temático – José Maurício Nunes Garcia*, Rio de Janeiro, MEC – Conselho Federal de Cultura, 1970, p. 101.

3. CPM 120 – Mattos, C.P. *Catálogo Temático – José Maurício Nunes Garcia*, Rio de Janeiro, MEC – Conselho Federal de Cultura, 1970, p. 190.

4. Freitas, Benedicto. *Santa Cruz – Fazenda Jesuítica, Real, Imperial*. Ed. do autor. Rio de Janeiro, 1985, v. II, p. 136–7.

No. 171. du Catalogue copié = (gravé)

L'Amoureux,

Fantaisie pour Pianoforte et Flute,

composée et dédiée

à ses amis

Monsieur de Langsdorff, Conseiller de

Collège, Chargé d'affaires et Consul

Général de S.M. l'Empereur de toutes

les Russies près S.M. T.F. &c &c

et Madame de Langsdorff, née

de Schubert,

par

le Chevalier Sigismond Neukomm.

7701 (11) ?

12/4/1819

O Apaixonado

12 DE ABRIL, 1819

Ao ouvir pela primeira vez as modinhas, fiquei deveras enternecido com sua singela simplicidade, seus lamentos de amor, cantados por menestréis acompanhados por suas violas de arame. Lânguidos compassos interrompidos, como se a respiração faltasse devido ao arrebatamento, e o espírito arfasse pela busca da alma gêmea. Com uma despreocupação infantil, tomavam os corações antes que se pudesse armar as defesas contra seu poder de sedução; imagina-se que se está sorvendo leite e permitindo que o veneno da voluptuosidade penetre no mais recôndito íntimo do ser.

Esta era a sensação arrebatadora que transmitia a magia de tais harmoniosos sons, cujo encanto seria inatingível para os endurecidos ouvidos dos fleumáticos seres da Europa do Norte.[1] São simples as expressões e os acordes repetidos de maneira assaz monótona; mas elas tem algumas vezes um não sei quê de encanto em sua melodia, além de tanta originalidade que o europeu recém-chegado mal consegue privar-se de escutá-la, concebendo de imedia-

Música Secreta

Rugendas, Johann Moritz
Costumes do Rio de Janeiro
GRAVURA, 1835
PUBLICADO POR ENGELMANN & CIE.,
PARIS

⚜ Música Secreta ⚜

to em sua imaginação a indolência melancólica desse povo gentil capaz de ouvir por horas inteiras as mesmas árias.

"Era moda cantar a moda" desde os tempos da Rainha Dona Maria I, quando desfrutava de grande sucesso em Lisboa o mulato brasileiro Domingos de Caldas Barbosa. Filho de funcionário português e escrava angolana, esse mestre das modinhas nasceu no Rio de Janeiro, onde foi excelente aluno dos jesuítas e que, apesar disso, deixava-os inquietos com seus escritos poéticos e satíricos, capazes de ofender os poderosos. Foi-se para Coimbra, de lá para a Corte e, desde então, tornou-se presença obrigatória em todas as festas, sobretudo nas do campo. Nas reuniões aristocráticas, nos festins à beira-mar, nos pitorescos passeios de Sintra, em Belas, em Queluz, em Benfica, sociedade nenhuma onde não se achasse o mulato Caldas com sua viola podia se julgar completa.[2] Deixou dois volumes de versos – a *Viola de Lereno* –, que vi na biblioteca do Conde da Barca, mas música não publicou.

Quando aqui cheguei, nada me parecia mais espantoso do que o raro talento dessa raça mestiça. Se um negro caminha pelas ruas do Rio de Janeiro agoniado sobre o peso de seu fardo e um outro vê que suas pernas fraquejam e o espinhaço começa a tremer, este se punha ao seu lado e começava a cantar, dando novo viço à marcha do homem exausto – que responde ao seu canto e pouco a pouco a voz se aclara, e seu passo se firma com a música de caridade refazendo suas forças.[3] O mulato se levantou no Brasil com essa música que é a alegria do negro e soube domesticá-la com a viola. É sob os dedos de outro célebre mulato, o Joaquim Manoel, que esse instrumento nato dessa gente maravilhosa adquire um encanto inexprimível nunca encontrado entre os nossos guitarristas europeus mais notáveis. Não sendo capaz de ler ou escrever uma linha de música, ele é capaz de executar os trechos mais difíceis, sabendo fazer mil variações a partir de um tema que tenha ouvido apenas uma vez.[4]

> *Estas lágrimas sentidas*
> *Que a meus tristes olhos veem,*
> *São de amor ternos sinais:*
> *São saudades do meu bem.*
>
> *Esses ais, esses suspiros*
> *Que do fundo de alma veem,*

Nem são ais, nem são suspiros:
São saudades do meu bem.

Joaquim Manoel era um apaixonado. Cantava as coitas de amor com melodias tão pungentes que decidi transcrevê-las e harmonizá-las. Inspirado em uma delas escrevi uma fantasia para flauta e pianoforte, intitulada *L'Amoureux*, sobre uma de suas mais belas canções: *A Melancolia*.

Desde o dia em que eu nasci
Naquele funesto dia,
Veio bafejar-me o berço
A cruel melancolia.

Fui crescendo e nunca pude
Ver a face de alegria,
Foi sempre a minha herança
A cruel melancolia.

Dediquei esta fantasia aos barões de Langsdorff, estimados amigos, em cuja residência animo as reuniões musicais. Após um breve recitativo, a primeira intervenção da melodia cabe à flauta, acompanhada por acordes ao piano. Em seguida, o tema é apresentado pelo instrumento, ornamentado com arpejos e trinados. Depois, retorna a flauta, com variações ainda mais virtuosísticas. A presença na Corte do excelente flautista francês Pierre Laforge trazido por Dom João para abrilhantar a orquestra da Real Capela, estimulou-me a escrever esta obra. Ao seu lado a estreei e, na ausência de outros com a sua maestria, é o único com quem posso tocá-la.

1. Beckford, William. "Italy, with sketches of Spain and Portugal", Paris, 1834, disponível em http://books.google.com
2. Varnhagem, Francisco Adolpho de, (1850). Florilégio da poesia brasileira. Tomo II. Lisboa: Imprensa Nacional, apud Taborda, M. *A viola e a música de Domingos Caldas Barbosa: uma investigação bibliográfica*. XVI Congresso da Anppom, Brasília, 2006.
3. Sarmiento, Domingo Faustino. *Carta a Miguel Piññeron*, Rio de Janeiro, 20 de fevereiro de 1846.
4. Freycinet, *Voyage autour du Monde entrepris par ordre du Roi*, Paris: Pilet ainé, 1827, v. I, p. 216.

Música Secreta

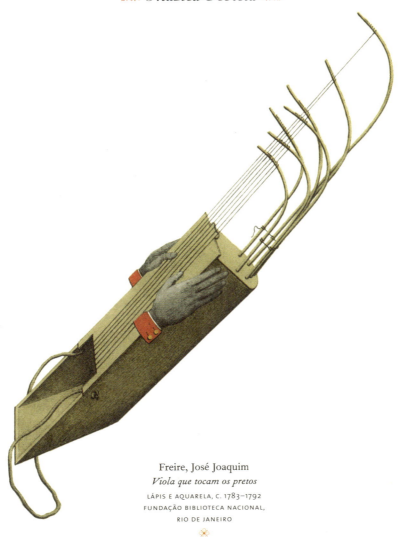

Freire, José Joaquim
Viola que tocam os pretos
LÁPIS E AQUARELA, C. 1783–1792
FUNDAÇÃO BIBLIOTECA NACIONAL,
RIO DE JANEIRO

✳

PÁGINA 121:
Ender, Thomas
Instrumento português
LÁPIS E AQUARELA, 1817–1818
ACADEMIA DE BELAS ARTES,
VIENA

Nº 172 du Catalogue Copié - (gravé

O Amor Brazileiro.

Caprice pour le Pianoforte

sur un Londù Brésilien,

composé et dedié

à

Mademoiselle Donna Maria-Joanne

d'Almeida,

par

le Chevalier Sigismond Neukomm.

O Amor Brazileiro

3 DE MAIO, 1819

Foi o Brasil o primeiro país onde convivi com escravos. Por mais que sejam fortes e pungentes os sentimentos que possamos sentir quando na Europa, e possa a nossa imaginação pintar seus horrores, a escravidão é muito mais brutal do que qualquer espírito sensível possa suspeitar. Nada pode ser comparado à vista do mercado de escravos. Encerrados nos armazéns à espera dos novos proprietários, vemos dezenas de jovens criaturas, meninos e meninas, todos com sinais de doença e fome, consequência do alimento escasso e do longo confinamento nos lugares insalubres em que são atirados, largados em meio aos animais mais imundos das ruas. Esta visão deixou-me convicto de que nada cala mais profundo que o desejo de abolir ou atenuar a escravidão. Mesmo os mujiques russos que continuam a existir na Europa, não podem ser comparados à ignomínia da transformação de um ser humano em mercadoria. Se devemos alguma coisa à França e aos exércitos imperiais é o fato de a servidão já ter sido abolida em quase toda a Europa.[1]

Música Secreta

Rugendas, Johann Moritz
Danse Landu 3ª Div. Prancha 18
GRAVURA, 1835
PUBLICADO POR ENGELMANN & CIE.,
PARIS

Certa manhã, olhando da varanda da casa do Sr. C., vi, antes do café, uma mulher branca, ou melhor, uma virago, batendo numa jovem negra, torcendo-lhe os braços cruelmente, enquanto a pobre alma gritava em agonia, até que decidimos intervir. Bom Deus! Como pode tamanha barbaria existir. E pensar que muitos europeus aceitavam a prática da escravatura, tendo eles mesmo seus escravos. Perto da casa, havia dois ou três armazéns de escravos, onde os negreiros os exibiam, todos jovens; em um, vi uma criança de cerca de 2 anos posta à venda. As provisões são tão escassas que, muitas vezes, nenhum pedaço de carne animal era acrescentado à pasta de farinha de mandioca, o sustento dessas pobres criaturas.

Aprendi, entretanto, a apreciar o ritmo com que bailavam os escravos em seus folguedos d'África, graças aos quais conheci o lundu, dança de tal maneira sensual que sua mera visão nos traz o rubor às faces. Não me lembro de quantas vezes corei diante do encontro daqueles corpos suados, dos quadris que se entrechocam na síncopa da umbigada… De início estão os participantes sentados em torno de uma sala, à espera do início do folguedo. Uma mulher levanta-se, então, e se dirige com passos provocantes para o centro do círculo. Um dos homens, a partir da atenção despertada pelos seus requebros, segue-lhe os movimentos. Os instintos entram em ebulição e a volúpia apodera-se dos dançarinos em escala crescente. Dançam em volteios sensuais até que a mulher, desfalecendo, cai nos braços do homem, e cobre o rosto com um lenço para ocultar a emoção.

Essas cenas são impensáveis em Viena, Paris, ou Londres, onde os casais, tão pudicos, deleitam-se esfogueados com a valsa, com os torsos guardando a devida distância da prudência. Nos trópicos, o clima escaldante, que aquece as trocas corporais, lascivas, obscenas, transforma, fatalmente, uma dança em outra coisa. Os naturalistas Spix e Von Martius, no decorrer de uma extraordinária viagem pelo interior do Brasil, recolheram e anotaram um exemplo de lundu que, em seguida, mostraram-me. Trata-se de um desafio de improvisação, de melodia simples, mas, se acompanhada de acordes alternados de tônica e dominante, torna-se cada vez mais rica e complicada. Imagino que deve ser tocada muito modestamente por violas e instrumentos de percussão.

Aos poucos os cortesãos apropriaram-se do lundu, transportado para os salões em sua forma cantada, a viola substituída pelo piano e a umbigada travestida em mesura. Os textos dos lundu-canções continuam, entretanto, a refletir à perfeição a malícia da dança africana, como é neste lundu escrito pelo brasileiro José Francisco Leal.

Esta noite, oh céus, que dita,
Com meu benzinho sonhei,
Das coisinhas que me disse
Nunca mais me esquecerei

Eu passava pela rua,
Ela chamou-me eu entrei,
Do que entre nós se passou
Nunca mais me esquecerei.

Deu-me um certo guizadinho,
Que comi muito e gostei
Do ardor das pimentinhas
Nunca mais me esquecerei.

Quis escrever uma fantasia para piano tendo como tema um lundu. Imagino que fui o primeiro a fazê-lo, pois os músicos brasileiros e portugueses não ousam misturar ao que escrevem as melodias do povo. Em *O Amor Brazileiro*, o tempo ternário da valsa transforma-se na síncopa do lundu, como, aos poucos, acontecera com o meu espírito... Gostei muito de brincar com essa alternância várias vezes no decorrer da peça, em que o tema aparece ora em ritmo de três, ora em ritmo de dois. A peça é dedicada à Senhorita Joana Maria d'Almeida, minha aluna mais aplicada, que então completava 18 anos. Durante o tempo em que foi minha aprendiz, ela logrou liberar-se dos maus hábitos adquiridos por falta de tutoria adequada e fez grandes progressos, sendo agora capaz de tocar peças difíceis em que pode exibir a virtuosidade. Imagino que, com essa fantasia, alcançará grande sucesso nos salões.

---

1. Na França, Inglaterra e Espanha, a servidão foi abolida por volta do século XV, mas, a título de exemplo, segue uma lista de reinos, principados e grão-ducados europeus ao tempo de Neukomm e a data da abolição da servidão. Interessante notar que elas se seguiram aos movimentos revolucionários de 1789 e de 1848: Moldávia (1749, reformas agrárias, processo concluído em 1864); Savoia (19 de dezembro de 1771); Áustria (1º de novembro de 1781, primeira etapa; segunda etapa, 1848); Boêmia (1º de novembro de 1781, primeira etapa; segunda etapa, 1848); Baden (23 de julho de 1783); Dinamarca (20 de junho de 1788); República Helvética (4 de maio 1798); Sérvia (1804, *de facto*; *de jure*, em 1830); Schleswig-Holstein (19 de dezembro de 1804); Ducado de Varsóvia (Polônia, 22 de julho de 1807); Prússia (9 de outubro de 1807, efetivamente 1811–1823); Baviera (31 de agosto de 1808); Estónia (23 de março de 1816); Saxônia (17 de março de 1832); Hungria (11 de abril de 1848, primeira etapa; 2 de março de 1853, segunda etapa); Croácia (8 de maio 1848); Bulgária (1858, *de jure* pelo Império Otomano; *de facto*, em 1880), Império Russo (19 de fevereiro de 1861).

Música Secreta

Rugendas, Johann Moritz
Danse Landu 4ª Div. Prancha 17
GRAVURA, 1835
PUBLICADO POR ENGELMANN & CIE.,
PARIS

PÁGINA 127:
Rugendas, Johann Moritz
Dança do Batuque 4ª Div. Prancha 16
GRAVURA, 1835
PUBLICADO POR ENGELMANN & CIE.,
PARIS

Debret, Jean-Baptiste
Botica (detalhe)
AQUARELA, 1823
MUSEUS CASTRO MAYA,
RIO DE JANEIRO

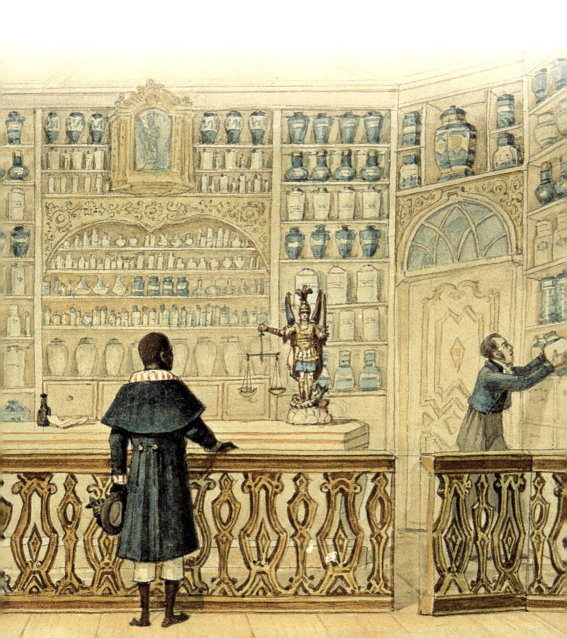

O Retorno à Vida

10 DE JULHO, 1819

Le retour à la vie
GRANDE SONATE
caracteristique
Pour le Piano=Forte
composée et dédiée
à Mademoiselle Donna Anne Eléónore
Verquain=Locatelli
par
S. NEUKOMM.

Oeuv. 50.   Pr. 1 Rtlr.

Chez Breitkopf & Härtel à Leipsic.

Não raro são acometidos aqueles que visitam os Brasis de males oriundos do calor insuportável e úmido e de águas pantanosas e insalubres, próprias ao criadouro de insetos. Veem-se dejetos por toda a parte, sem falar dos miasmas das ruas e dos vapores malfazejos emanados das igrejas, onde se enterram mortos ilustres. Nem os pianos se conservam bem aqui, pois, devido à umidade, encontram-se em péssimas condições.[1]

Tantos europeus fenecem inexplicavelmente, de uma hora para a outra! O pobre Duque de Cadaval, casado com a irmã do Duque de Luxemburgo, a convite de quem viajei ao Brasil, expirou logo ao chegar, ali mesmo na Baía.[2] Durante o tempo em que convivi com o caro Conde da Barca, foram muitas as vezes que esteve indisposto, a precisar de juntas de até três médicos que se associavam ao Dr. Carvalho nos tratamentos.[3] Ah, o Carvalho, foi com o concurso desse seu amigo e hóspede, e com os instrumentos que havia trazido em sua bagagem de Coimbra, que montamos um verdadeiro

Pellegrini, Domenico
5º Duque de Cadaval
ÓLEO SOBRE TELA, C. 1800
COLEÇÃO PARTICULAR,
SINTRA

laboratório de química e farmácia em sua casa do Passeio Público, no qual fabricávamos alguns remédios de maneira a suprir a grande penúria de drogas na Corte.

Por ordem de Sua Majestade, empenhavam-se em vão os físicos com seus pareceres a regular as profissões médicas, de sorte a dificultar a ação de curandeiros e boticários, que vendem purgantes, vomitórios, e outras composições de uma farmacopeia de superstições. Chega-se ao cúmulo de permitir a venda de tais preparos em lojas de ferragens.[4]

Música Secreta

Dois anos após o passamento do Conde da Barca, novamente encontrei-me enlutado pela morte súbita do irmão e amigo Joachim Le Breton, decerto causada pela frustração em não ver progressos na sua Academia de Artes, mas também por males devidos ao clima desta terra. Há dez anos nossas existências haviam se cruzado nos salões do Instituto de França e devo a esse encontro a minha presença no Rio de Janeiro, sendo esse meu ilustre amigo francês o mentor da reunião do grupo de artistas do qual faço parte. Empreendemos a quatro mãos a redação da 'Notícia Biográfica sobre a Vida e a Obra de Papa Haydn'. Vi-me a secundá-lo para a maior clareza dos fatos e retidão do elogio póstumo a meu mestre, que acabara de falecer em 1809. Estava eu em Paris havia pouco e deixei-me conquistar pelos espíritos esclarecidos de Le Breton e de seus colegas do Instituto de França, cujos objetivos comuns eram o progresso do espírito humano.

Reunidos novamente, eis que Le Breton enche-se de coragem para fazer publicar no Brasil – em português –, o texto daquele elogio, o primeiro livro oriundo da Impressão Régia dedicado à música. Entretanto, era como se a lembrança daqueles momentos de glória no Instituto tivesse esgotado suas derradeiras forças. Assisti ao décimo aniversário da morte de meu adorado Papa Haydn sendo homenageado no Novo Mundo juntamente com o falecimento do não menos querido Le Breton.

Desolado fiquei pela perda irreparável, mas o sentimento cristão compeliu-me a homenagear suas almas com a grande sonata *Retorno à Vida*, uma alegoria da ressurreição, escrita em mi bemol maior, a tonalidade que nos reúne no seio da fraternidade maçônica, Papa Haydn, Le Breton e eu.

---

1. Leithold, Theodor von e Rango, Ludwig von. "O Rio de *Janeiro* visto por dois prussianos em 1819", p. 11, apud Acayaba, M.M. *Equipamentos, usos e costumes da Casa Brasileira* (http://books.google.com, p. 115).

2. Disponível em: http://www.geneall.net/P/per_page.php?id=5321

3. Marrocos, Luiz Joaquim dos Santos. *Cartas do Rio de Janeiro*, Ed. Biblioteca Nacional, Lisboa, carta de 7/7/1815.

4. Silva, Manuel Vieira da. "Reflexões sobre alguns dos meios propostos por mais conducentes para melhorar o clima da cidade do Rio de *Janeiro*", 1808, p. 26, apud Nizza da Silva, M.B. *A Gazeta do Rio de Janeiro (1808–1822): Cultura e Sociedade*, Eduerj, 2007.

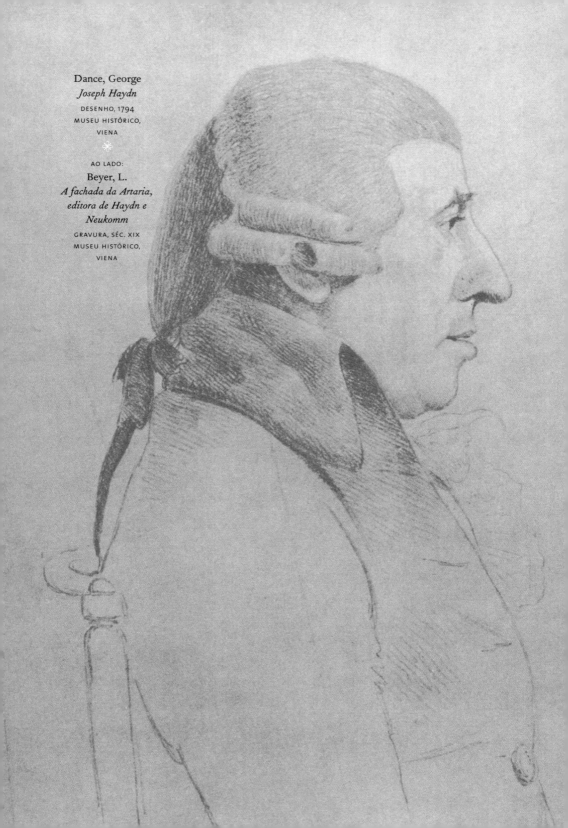

Dance, George
Joseph Haydn
DESENHO, 1794
MUSEU HISTÓRICO,
VIENA

AO LADO:
Beyer, L.
*A fachada da Artaria,
editora de Haydn e
Neukomm*
GRAVURA, SÉC. XIX
MUSEU HISTÓRICO,
VIENA

Elogio a Haydn

1819

É, portanto, o opúsculo de Joachim Le Breton que inaugura a literatura sobre Haydn e sobre a música, neste jovem país. O discurso que fizera no Instituto, em seguida publicado, era agora traduzido para o português, no ano de sua morte. Coube ao meu amigo José Maurício ser um dos primeiros a subscrever a edição dessa *Notícia Histórica*.

Raros eram os relatos sobre a vida dos músicos. 'Artesãos' – como éramos considerados até meados do século passado – não eram nossas existências objeto de curiosidade ou de interesse. Foi com a grande obra dos irmãos esclarecidos, a Encyclopaedia Britannica, publicada a partir de 1768, e a inclusão de artigos sobre a vida de alguns renomados músicos, Haydn entre eles, que se daria início à biografia dos mestres. Meu preceptor, por sua vez, foi o primeiro a escrever a própria biografia, prática que decidi, por minha vez, como podem ver com esses escritos, seguir. E isto com a boa razão de transmitir à posteridade os alcances do progresso do espírito humano ao longo da evolução de uma vida.

Não poucas obras de Haydn conhecidas no Brasil, entre elas o oratório sobre as *Sete Últimas Palavras de Cristo*, foram tocadas nas Minas Gerais por ocasião da Semana Santa. A Corte portuguesa faz uso das sonatas para piano, trazidas para o Brasil quando da transmigração. Falta-lhes, contudo, conhecer a obra prima – o oratório *A Criação* – em que trabalhei febrilmente com o Mestre durante os meus primeiros dois anos em Viena.

Foi o grande Mozart quem convidou Papa Haydn para iniciar-se, em 1785, na maçonaria. Paciente, esperou ver-se livre de suas obrigações com o Fürst Esterházy de Galantha, para, incentivado pelo irmão pedreiro Baron von Swieten, partir para Londres, onde, desde 1717, estava fundada a Grande Loja. De lá trouxe as partituras baseadas no Gênesis, que ilustram à perfeição o rito de passagem do profano à luz. Chegado a Viena, deparou-se com a morte precoce de Mozart, de quem ouviu pela primeira vez a magnífica *Flauta Mágica*, ópera maçônica por excelência, crivada da simbologia que, como irmão instruído, aprendeu a estimar.

O texto que Papa Haydn trouxe de Londres foi entregue ao Freiherr de Swieten, que incorporou aos dois primeiros capítulos do Gênesis os versículos 1 a 5 do Evangelho Segundo São João, habitualmente lidos na abertura dos trabalhos das lojas de São João.[1] Consegui estar presente à primeira apresentação desse monumental oratório, em 19 de março de 1799, quando encontrava-se esgotada a lotação do teatro muito antes da referida data, no Hoftheater de Viena. No ano seguinte, deu-se a estreia no Covent Garden em Londres com a versão em inglês. Isso fez com que Papa Haydn também tivesse orgulho d'*A Criação* por ter sido sua primeira obra concebida originalmente em dois idiomas, o alemão e o inglês, que no Rio de Janeiro adaptei ao português, na esperança de que a obra fosse ali apresentada. Disso ainda possuo minhas anotações, algumas das quais transcrevo a seguir.

No princípio, o caos e as trevas são desenhados na tonalidade de dó menor, como no Terremoto das Sete Últimas Palavras; é o momento fatal, em que a morte do Cristo espalha a dor sobre a Terra.

No princípio, Deus criou o céu e a terra

enuncia o sombrio recitativo do Baixo, aos poucos evoluindo para mi bemol maior – a tonalidade dos três bemóis – em que o coro fala muito docemen-

Música Secreta

Schinkel, Karl Friedrich
*Projeto de cenário para o ato I, cena VI,
da ópera* A Flauta Mágica *de Mozart*

AQUARELA, 1816
MUSEU DO TEATRO,
MUNIQUE

PÁGINAS SEGUINTES:
Le Breton, Joaquim
Notícia Histórica da Vida e das obras de José Haydn

IMPRESSO, 1820
1º LIVRO DE MÚSICA PUBLICADO PELA IMPRESSÃO RÉGIA,
RIO DE JANEIRO

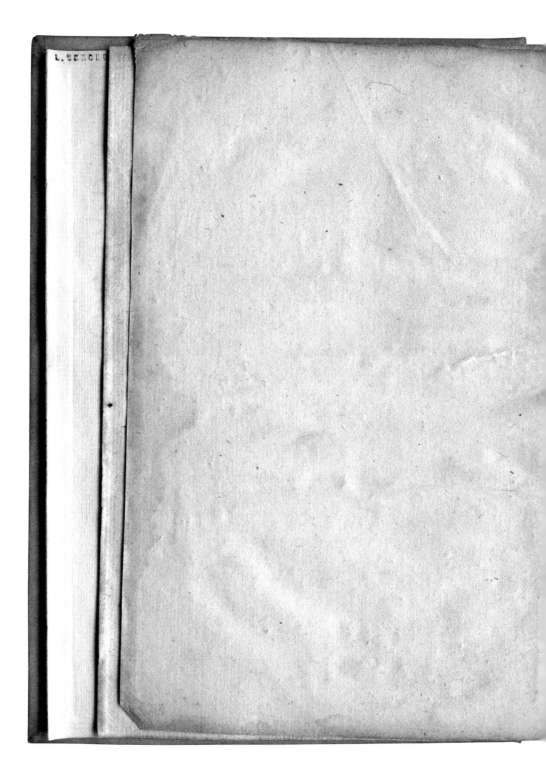

NOTICIA HISTORICA
DA VIDA E DAS OBRAS
DE
JOSÉ HAYDN,
DOUTOR EM MUSICA,
MEMBRO ASSOCIADO DO INSTITUTO DA FRANÇA
E DE MUITAS ACADEMIAS.

LIDA NA SESSAÕ PUBLICA DE 6 DE OUTUBRO DE 1810
POR
JOAQUIM LE BRETON,
*Secretario Perpetuo da Classe das Bellas Artes,
Membro da de Historia e Literatura antiga,
e da Legião de Honra.*

TRADUZIDA EM PORTUGUEZ
POR HUM AMADOR,
E DEDICADA AO SENHOR
SEGISMUNDO NEUKOMM,
*Cavalleiro da Legião de Honra, Membro da Sociedade
Real de Musica da Suecia, da Sociedade Imperial
Philarmonica de S. Petersburgo, da Academia
Real das Sciencias de Paris, &c.*

RIO DE JANEIRO. NA IMPRESSÃO REGIA.
M. DCCC. XX.

Com Licença da Meza do Desembargo do Paço.

te do espírito de Deus. Dá-se, então, a explosão em dó maior, a orquestra em fortíssimo, os tímpanos percutindo, sugerindo o rito de iniciação maçônico.

E disse Deus: Haja luz; e houve luz.

Nesse momento, tal foi o encanto do público vienense que a orquestra não pôde prosseguir por vários minutos.

E viu Deus que era boa a luz; e fez Deus separação entre a luz e as trevas.

Foi este o seu testamento como pedreiro livre e sua obra magistral como músico. Reúne todos os estilos que domina com perfeição, desde o fugato aprendido nas obras de Bach, trechos corais inspirados em Haendel, cujas obras muito o impressionaram quando de sua visita a Londres, as árias com acompanhamento orquestral de apuro inusitado e as melodias de cuja maestria nenhum outro compositor se aproximou. Encerrou-a grandiosamente na tonalidade maçônica de mi bemol maior.

A obra, que tivera grande repercussão em toda a Europa, com Papa Haydn presente a 40 representações, das quais a última, apenas um ano antes de sua morte, à qual foi transportado em uma cadeira, demasiadamente fraco estava – foi um sucesso estrondoso. Lembro-me de que, tão extasiado ficou com o poder da harmonia por ele escrita para as palavras "houve luz", que lhe brotaram lágrimas aos olhos e gritou com os braços abertos: "Não vem tudo de mim, mas de lá de cima".[2]

O Grande Arquiteto do Universo não concorreu para a realização desta superlativa obra na Corte do Rio de Janeiro, para a qual contaria com o entusiasmo febril do Padre José Maurício, que se juntou a mim na frustração de não a termos podido reger no jardim do Novo Mundo.

---

1. Cotte, R. *La Musique Maçonnique et ses Musiciens*, Bélgica: Editions du Baucens, 1975.
2. Le Breton, J. *Notícia histórica da vida e das obras de José Haydn*, São Paulo: Ateliê Editorial, 2004, p. 93.

Música Secreta

Wigand, Walther
*Execução de "A Criação" no Salão de Festas
da Velha Universidade em Viena*
AQUARELA, 1808
MUSEU HISTÓRICO,
VIENA

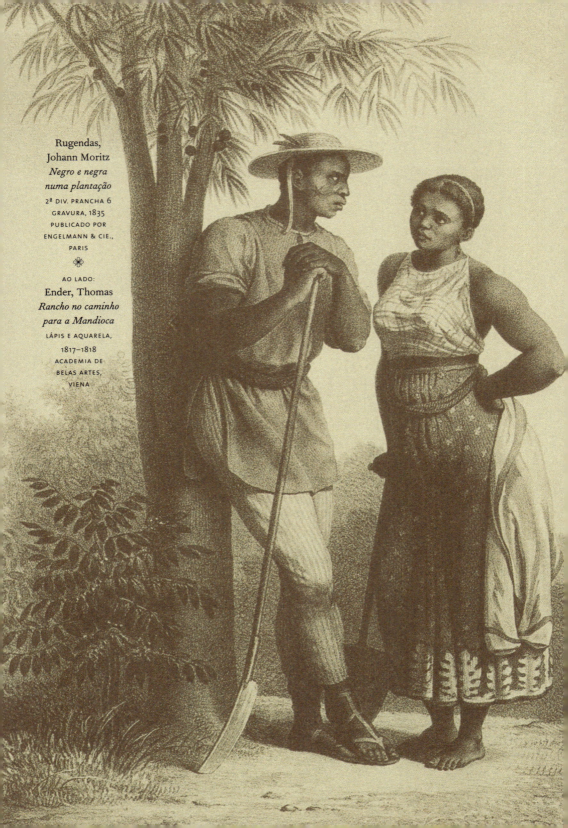

Rugendas, Johann Moritz
Negro e negra numa plantação
2ª DIV. PRANCHA 6
GRAVURA, 1835
PUBLICADO POR
ENGELMANN & CIE.,
PARIS

AO LADO:
Ender, Thomas
Rancho no caminho para a Mandioca
LÁPIS E AQUARELA,
1817–1818
ACADEMIA DE
BELAS ARTES,
VIENA

Baile na chácara dos barões de L.

SETEMBRO DE 1819

Estava eu há três anos no Rio de Janeiro quando empreendi minha primeira excursão à extraordinária chácara dos barões de L., no sopé da Serra dos Órgãos. O passeio começou num dia de domingo, quando saí antes do café, tendo por guia um carpinteiro negro. Este homem, apesar da pouca instrução, aprendera a sua arte de modo a ser não apenas bom carpinteiro e marceneiro, mas também um muito tolerável ebanista, e em outros aspectos apresentava uma rapidez de entendimento que descartava a pretensa inferioridade do intelecto de homens de sua cor. Fiquei muito satisfeito com as observações que fez sobre muitas coisas que me apareciam como novas, respondendo-me sempre com uma perfeita compreensão sobre as coisas do país. Depois do café da manhã, assisti à revista semanal de todos os negros da fazenda; camisas e calças limpas foram dadas aos homens e blusas e saias para as mulheres, tudo de grosso algodão branco.

À medida que cada um se aproximava, ele ou ela vinha beijar a mão do barão e, em seguida, dizia "Padrinho, dá-me a bênção", ou "Os nomes de Jesus e de Maria sejam louvados!", recebendo as respostas em conformidade: ou "Deus te abençoe", ou "Sejam eles louvados". Este é o costume dos antigos, e é repetido de manhã e ao anoitecer, que parece marcar um tipo de relacionamento entre senhor e escravo. É possível que, ao reconhecerem um Senhor superior do qual dependem, amainem-se os malefícios da escravidão a tirania do dito senhor.

A todo escravo passado em revista eram feitas perguntas, relativas à família, ao trabalho e cabia a cada um uma porção de rapé ou tabaco, de acordo com o gosto. O Barão de L., apesar de estrangeiro, era uma das poucas pessoas que conhecia cada um de seus escravos, a quem tratava com atenção e humanidade. Disse-me ele que os negros crioulos e os mulatos são muito superiores na indústria em relação aos portugueses e brasileiros. Estes, a partir de causas não difíceis de imaginar, são, na sua maior parte, indolentes e ignorantes. Os brancos pobres, em geral, sentem-se também inferiorizados ao fazerem esforço, sendo a atividade de tropeiro uma das poucas aceitas. Buscam guardar uma aparência de ócio sempre que possível, disfarçando qualquer atividade imprescindível, como é próprio de cortesãos.

Os negros e mulatos têm fortes motivos para exercer atividades de qualquer tipo, e de terem sucesso naquilo que se comprometem a fazer, pois são os melhores artífices e artistas. A orquestra do Teatro São João é composta por pelo menos um terço de mulatos. Todas as artes decorativas, pintura, escultura e marchetaria são realizadas por eles; em suma, eles se excedem em todas as artes manuais que demandam engenho.

Em uma das tardes passadas na chácara, acompanhei o Barão de L. quando da distribuição da ração diária de alimentos aos negros. Consistia de farinha, feijão-fradinho, carne-seca, e cada escravo fazia jus a uma porção fixa. Um homem solicitou duas porções, em virtude da ausência do vizinho. Algumas perguntas feitas a respeito do ausente despertaram minha curiosidade sobre aquela pessoa, induzindo-me a pedir que me contassem sua história. Parece que era um mulato barqueiro, o mais confiável empregado da propriedade, e rico, porque fora habilidoso o suficiente para amealhar muitos bens, além de cumprir com os deveres para com seu senhor. Na juventude, e ele ainda não estava velho, caíra de amores por uma negra crioula, nascida, como ele, na propriedade, mas não quis se casar com ela até que acumulasse quantia suficiente para alforriá-la, a fim de que seus filhos, caso os tivessem, nascessem livres. Desde

Música Secreta

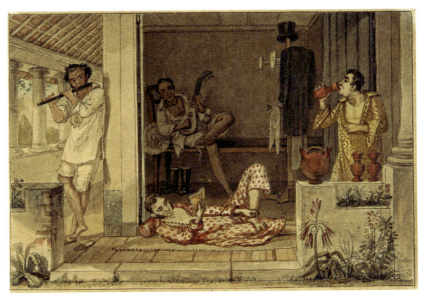

Debret, Jean-Baptiste
Uma tarde de Verão (detalhe)
AQUARELA, 1826
MUSEUS CASTRO MAYA,
RIO DE JANEIRO

então, tornara-se rico o suficiente para comprar sua própria alforria, mesmo com o preço elevado que um escravo como ele podia atingir. Mas o barão dependia tanto dele que receava vender-lhe a liberdade. Os seus serviços eram demasiado valiosos para correr o risco de perdê-lo, apesar de sua promessa de permanecer na propriedade como trabalhador livre. Infelizmente, o casal não teve filhos, portanto, caso morressem, seus bens, já consideráveis, seriam revertidos para o senhor. Tivessem tido filhos, como a mulher era livre, estes poderiam herdar a propriedade da mãe, e não havia nada que impedisse o pai de deixar tudo o que possuía para ela.

Era evidente o mal-estar do proprietário estrangeiro, aristocrata prussiano a serviço de uma potência europeia. A todo momento, repetia: "Eu vou mudar tudo isso."

Por ocasião da chegada de um enviado extraordinário e ministro plenipotenciário,[1] os barões de L. resolveram realizar um grande baile na sua residência no Rio de Janeiro. Poucas são as oportunidades nesta Corte de distrações com jantares, bailes e reuniões em casa particulares, o que contribuiu para o concurso, com exceção do espanhol, de todos os ministros estrangeiros, de alguns portugueses com suas filhas, muitos ingleses, uns quantos franceses e a minha pessoa.[2]

Recrutaram para a música quatro componentes da orquestra do Real Teatro São João, entre os quais o primeiro violino. A baronesa, que usava seus célebres diamantes combinando com plumas brancas, estava a princípio receosa de que os músicos não comparecessem. Combinamos que eu e outro convidado tocaríamos alternadamente ao piano – o grande piano-forte inglês Broadwood de sua residência – mas a orquestra compareceu e teve a preferência. Dançou-se até tarde e a numerosa companhia dividiu-se entre a grande sala, a varanda coberta da frente e as peças menores muito bem decoradas.[3]

A música acabou, e quem não sentiu certo alívio na sua conclusão? A dança teve início em seguida. Aqueles que, como eu, não eram dançarinos, sentaram-se para assistir e conversar. Um inglês, que conhecia desde há muito o país, vendo-me cheio de admiração pela alegria das jovens criaturas presentes, começou a descrever um quadro nada favorável da moral privada no Brasil, sendo cada vez mais impertinente. Mas, para minha felicidade, quando estava a ponto de apostar que havia naquela sala pelo menos dez senhoras com um bilhete doce pronto a passar às mãos do admirador, e que tanto fazia se casadas ou solteiras, surgiu o meu amigo M. —, que aqui mora há muito, e a todos conhece... M. olhou lentamente ao redor da sala, e disse:

"Não, não aqui, mas eu não nego que essas coisas são feitas no Rio de Janeiro. Porém todos que, como o Chevalier de Neukomm, viajaram pelas cortes europeias, sabem que, em todas as grandes cidades, em seu país, como no meu, bem como no presente, há sempre uma parcela de cada classe da sociedade que possui menos moralidade que o resto. Em alguns países a imoralidade é mais refinada, é verdade, e alguns hipócritas acham que boas maneiras apagam a metade dos seus vícios. Mas suponhamos que, de fato, as mulheres, mesmo as solteiras, são menos puras aqui do que na Europa. Lembrem-se de que, em nossa cultura, além da mãe, existe a governanta da família, ou mesmo a ama-seca de cada jovem mulher, de todas sendo esperado uma alta conduta. São todos meios de observar que os melhores comportamentos sejam alcançados. Mas os controles de conduta em público são, aqui, rele-

Música Secreta

Debret, Jean-Baptiste
Jovens da elite
AQUARELA, 1817–1821
MUSEUS CASTRO MAYA,
RIO DE JANEIRO

*gados a escravos, os inimigos naturais de seus senhores, sempre prontos e dispostos a enganá-los, assistindo e incentivando a corrupção de suas famílias."*⁴

Tomei a liberdade de levar esse comentário adiante e apontei para uma das senhoras a extrema juventude de algumas das crianças que acompanhavam, naquela noite, suas mães. Comentei que na Europa, consideramos que isso lhes é prejudicial sob todos os aspectos. Ela me perguntou o que fazemos com elas. Eu lhe disse que certamente algumas já estariam na cama, e outras com as suas governantas. Ela me disse que deveríamos ser muito gratos por isso, mas que aqui não havia nenhuma dessas pessoas, e que as crianças seriam deixadas ao cuidado e ao exemplo de escravos, cujos modos eram tão depravados e os costumes tão imorais, que significariam a destruição das crianças. E complementou dizendo que aqueles que amavam seus filhos deviam mantê-los sob seus próprios olhos, pois, permanecendo até bem tarde em suas companhias, pelo menos não aprenderiam nenhuma maldade. Achei interessante mais esta prova dos males da escravidão, mes-

Debret, Jean-Baptiste
Dama da Corte
AQUARELA, 1817–1821
MUSEUS CASTRO MAYA,
RIO DE JANEIRO

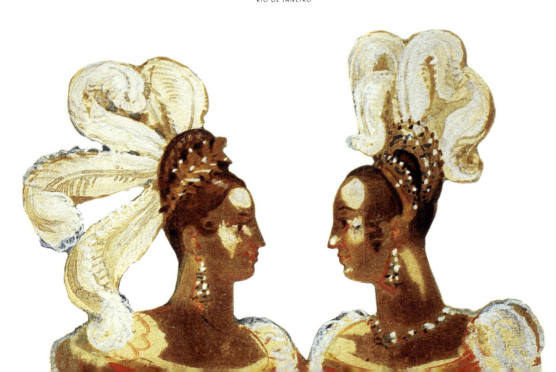

mo no Brasil, onde ela existiria de maneira mais suave do que na maioria dos outros países. É esta, portanto, outra maldição da escravaria. E com essa nova visão do assunto, meus olhos se abriram em muitos pontos que até agora me pareciam obtusos.

Após o término da primeira dança, todos nós percorremos a casa, encontrando uma sala de jantar magnífica pelo tamanho, mas praticamente sem mobília, e nisso correspondia aos salões; já os quartos de dormir e os de vestir, das senhoras, que tive o privilégio de ver, eram arrumados e elegantes, dispondo de mobiliário inglês e francês. Repetiram-me mais uma vez que a decoração já então era também muito diferente do que fora há 20 anos, antes da chegada da Corte. Como os costumes, aqui, mudam com velocidade! A todo momento vejo cada coisa ganhar um maravilhoso polimento juntamente com um ar de mais e mais europeu.

Havia vários oficiais navais franceses presentes na festa, o que muito me lembrou a nossa chegada, fazendo com que os ingleses estivessem em minoria. A conversa correra agradável com portugueses e brasileiros de bom senso e boas maneiras, de modo que não percebi o adiantado da hora, vendo meus amigos mais jovens dançando animadamente.

Retirei-me do baile logo após a meia-noite, na companhia do Dr. Carvalho, deixando os outros convidados ativamente engajados em suas contradanças e soube, depois, que a música continuou até as três. Não havia nenhuma particularidade nas danças de lá, as senhoras do Rio de Janeiro já eram como as europeias, todas discípulas dos franceses neste ramo específico das belas-artes.

---

1. Trata-se do Barão de Tuyll, que aportou na corveta russa *Agamemnon*, a mando do Czar Alexandre I, Imperador de todas as Rússias. Ver Santos, Luiz Gonçalves dos (Padre Perereca), *Memórias para servir à história do Reino do Brasil*, Rio de Janeiro: Zélio Valverde, 1943, p. 731.

2. Nizza da Silva, M.B. *Donas e pebleias na sociedade colonial*, Lisboa: Estampa, 2002, p. 211.

3. Leithold, Theodor von e Rango, Ludwig von. "O Rio de *Janeiro* visto por dois prussianos em 1819", p. 75–6, apud, Acayaba, M.M. *Equipamentos, usos e costumes da Casa Brasileira* (http://books.google.com, p. 115).

4. Graham, M. *Journal of a Voyage to Brazil, And Residence There During Part of the Years 1821, 1822, 1823*. Ed. Longman. Londres, 1824 – tradução livre de Julio Bandeira.

Rugendas, Johann Moritz
*Vista de Laranjeiras
e do Corcovado*
AQUARELA, 1822–1825
ACADEMIA DAS CIÊNCIAS,
SÃO PETERSBURGO

AO LADO:
Anônimo
*Retrato do General-Conde
Dirk van Hogendorp*
ÓLEO SOBRE TELA, C. 1810
MUSÉE DES INVALIDES,
PARIS

Um amigo de Bonaparte

18 DE MARÇO, 1817

A última vez que estive numa fazenda antes de partir do Brasil foi numa propriedade bem ao pé do morro Corcovado. Seu dono, um general de Bonaparte, era também um exilado ilustre e herói de França, o General-Conde Dirk de Hogendorp, ajudante de ordens de Napoleão e ex-governador de Hamburgo, chegado ao Brasil pouco depois de mim, em fevereiro de 1817.[1]

Foi M. Arago[2] quem primeiro levou-me até aquele ermitão do Corcovado, figura tão impressionante a quem o Príncipe Real costumava levar mimos e de quem escutava as histórias e imitava a postura marcial, desafiando a autoridade do Rei seu pai.

Numa manhã de julho de 1820, cavalgava com M. Arago — recém-chegado de sua circunavegação — e um amigo em comum, quando alcançamos uma casinha de aspecto agradável, bem no alto de uma subida a partir das Águas Férreas, ao lado do Corcovado. Lá, nos deparamos com uma figura muito marcante, a quem pedimos desculpas imediatamente pela invasão de suas terras,

153

dizendo que tínhamos chegado até lá por acidente. Ele, no mesmo instante, com uma forma que mostrou não se tratar de pessoa comum, nos acolheu; perguntou pelos nossos nomes e, sendo informado sobre eles, disse que já tinha ouvido falar de nós e, não fosse pela precariedade do sítio, teria nos convidado. Ele insistiu que desmontássemos e, como uma chuvarada parecia estar chegando, nos convidou para que nos abrigássemos em sua casa. Foi nesse momento, ao ver seu retrato na sala, que percebi estar na presença do Conde de Hogendorp, e lhe perguntei se tinha adivinhado corretamente, ao que ele aquiesceu.

O Conde era visivelmente uma ruína do que fora outrora um belo homem, sem contudo perder seu ar marcial. É alto, mas não muito magro, seus olhos cinzentos brilham com inteligência, e sua linguagem distinta e imperiosa, embora um pouco embargada pelas vicissitudes pelas quais deve ter passado, ainda se faz ouvir de forma clara e modulada. Ele nos indicou uma espaçosa varanda, mobiliada com sofás, cadeiras, e quadros, local onde disse passar a maior parte do dia. Mandou então que seu criado trouxesse uma merenda de café, leite e manteiga fresca, tudo produto de sua fazenda, e, assim que nos sentamos, vimos a tempestade passar abaixo de nós através do vale, o que transportou nosso olhar para a baía lá ao longe e a lembrança de navios, da travessia e do Velho Mundo...

O General cortou meus devaneios iniciando uma conversa franca, enquanto tomávamos o café e durou a chuva. Falou quase que incessantemente de seu imperial senhor. Nos primeiros anos de vida, o Conde tinha servido no exército de Frederico da Prússia, como soldado de fortuna. Ao retornar ao seu país natal, a Holanda, foi contratado pelos Estados Gerais, sucessivamente, como governador da parte oriental de Java, e como representante dos Países Baixos em uma das cortes alemãs. Durante sua residência em Java, havia visitado muitos dos assentamentos ingleses e franceses na Índia.

Com a anexação da Holanda pela França, entrara no serviço francês com a patente de coronel. Sempre fora um grande favorito de Napoleão, para quem a sua honestidade e desinteresse em assuntos financeiros contavam sobremaneira, na exata medida em que essas qualidades foram escassas entre os outros oficiais. A afeição do Conde por Napoleão não conhecia limites, o que seria surpreendente, não tivesse ele me mostrado uma carta escrita pelo próprio imperador sobre a morte de seu filho, na qual, além dos termos de praxe, havia um toque de ternura pelo qual não esperava.

Música Secreta

Napoleão I e os seus marechais
LITOGRAFIA
BIBLIOTECA NACIONAL,
LISBOA

Durante a desastrosa campanha da Rússia, fora confiado a Hogendorp o governo da Polônia, e mantida sua Corte em Wilna. Sua derradeira missão havia sido a de defender Hamburgo, onde era governador comandante. Teria tentado servir ao imperador no exílio, mas por isso não lhe ter sido permitido, viera para cá, onde, com a maior parcimônia e, creio eu, algumas das intervenções do Príncipe herdeiro, que o tem em grande respeito, vive principalmente da produção de sua pequena fazenda.

A maioria desses detalhes ouvi dele mesmo, enquanto descansávamos abrigados da chuva de quase uma hora. Ele então nos mostrou sua casa, que é de fato diminuta, constituída por apenas três cômodos, além da varanda. O escritório, no qual havia alguns livros, duas ou três talhas com antigos baixos-relevos, além de alguns mapas e gravuras, revelavam a morada de um cavalheiro. Seu quarto, decorado de modo excêntrico, tem as paredes pintadas de preto, povoadas, num ambiente sombrio, por esqueletos de tamanho natural, cada um em atitude de alegria, trazendo à memória a *Dança da Morte* de Holbein. Um terceiro cômodo é ocupado por barris de vinho de laranja e frascos de licor feito da grumixama – que é pelo menos tão agradável quanto o licor de cereja a que se assemelha – ambos produção de sua fazenda, cujo comércio, juntamente com o de seu café, ajuda no seu magro sustento.

O General, como ele gosta de ser chamado, levou-nos para uma volta em seu jardim, mostrando, com evidente apreço, seus frutos e suas flores, exaltando o clima, e apenas culpando as gentes que desperdiçam a metade das graças que Deus lhes dera pelo descaso e falta de indústria.

Ao voltarmos para a casa, fui apresentado ao seu antigo ordenança prussiano, o qual conhecera muitas campanhas a seu lado, e aos seus negros, todos alforriados assim que foram por ele comprados. Lamentei ter de deixá-lo, mas receei que algum alarde pudesse fazer-se sentir em casa pela nossa prolongada ausência e, por conseguinte, nos despedimos. Quando descia, deparei-me com uma europeia usando um elegante turbante, provavelmente inglesa, o que pude confirmar quando lhe avisei que aquelas paragens estavam infestadas de quilombolas, e ela agradeceu-me com a fleuma e o sotaque típico de seus compatriotas.[3] Não pude deixar de sorrir ao imaginar um possível encontro de sua pessoa com o velho General.

Esse ermitão do Corcovado fora, de fato, muito estimado por Napoleão, a ponto do ex-Imperador dos franceses lhe ter deixado em testamento a vul-

Música Secreta

tosa quantia de cinco mil libras esterlinas! Soube mais tarde, também, de uma anedota do destino: após a minha partida, quando faleceu o Conde em 1822, foi o próprio Príncipe Real, agora Regente do Reino do Brasil, quem cuidou de seu funeral. Contudo, por ser protestante, esse escudeiro fiel de Bonaparte foi ironicamente enterrado no Cemitério dos Ingleses,[4] o único que não era consagrado à Sé de Roma... mais um paradoxo desse general...

....

1. A data precisa é 10 de fevereiro de 1817, ver "De woning van Dirk van Hogendorp in Brazilië (1817–1822)", in *Bijdragen tot de Taal-, Land- en Volkenkunde*, n. 79, 1923, pp. 642–45.
2. Jacques-Etienne Arago (1790–1854), artista e escritor francês próximo da família Taunay, realizou a viagem de circunavegação da corveta *Uranie* nos anos 1817–1819 na companhia do casal de Freycinet.
3. Neukomm e Maria Graham não teriam se encontrado naquele ano, nem há registros de que possa ter ocorrido dez anos depois, quando ambos estavam na Itália. Naquele ano, porém, a viajante inglesa – casada desde 1827 com o pintor Augustus Wall Calcott – sofreu um acidente que a deixou inválida e permanentemente presa à Inglaterra, e data de 1831 a primeira viagem de Neukomm a Londres, numa sucessão de coincidências espaciais e temporais. Lady Maria Calcott faleceu em 1842, mesmo ano de uma das sucessivas estadas de Neukomm em Londres, que continuará a frequentar o Reino Unido da Grã-bretanha e Irlanda até 1855, três anos antes de morrer.
4. Ver Maria Graham, *Diário de uma viagem ao Brasil*, São Paulo: Edusp, 1990, pp. 210–12.

Ender, Thomas
Vista da cordilheira atrás da Mandioca
LÁPIS E AQUARELA, 1817-1818
ACADEMIA DE BELAS ARTES,
VIENA

matinée du mercredi Saint. Confession

Libera me Domine

DEZEMBRO, 1819

A aproximação do mês de dezembro traz-me à memória a grande comoção causada pelo prematuro passamento do genial Mozart, em 1791. Tinha eu na ocasião 13 anos, e lembro-me perfeitamente do estupor que nos tomou a todos os habitantes de Salzburgo, nossa terra natal. Mozart deixava inconcluso o seu *Réquiem*, obra-prima que lhe havia sido encomendada pouco antes, e que tornou-se a sua própria missa de morte.

Decidiu o Padre José Maurício Nunes Garcia apresentar pela primeira vez esta primorosa obra no Novo Mundo por ocasião da festa de Santa Cecília, em fins de novembro. Inspirado pela iniciativa do Padre, e para secundá-lo, escrevi o *Libera me Domine* com o qual, segundo o rito da Igreja Romana, deve terminar a missa para os defuntos e que faltava à inconclusa obra de Mozart.

Na cerimônia, antes do Réquiem, foram cantados os Noturnos do *Officium Defunctorum*, de David Perez, obra que consiste de várias árias, Duetos, Coros, *et coetera*. A maioria das peças foi escrita de acordo com a função litúrgica. Porém, o andamento tomado em diversos corais foi rápido demais, um hábito que parecia irresistível tanto a brasileiros como a portugueses na execução de muitas obras deste mestre. Parece-me que a tradição destas obras se perdeu. Em especial desagradou-me um Coral em Ré maior, cujas triviais passagens dos trompetes e trompas, devido ao andamento muito rápido, fizeram-me lembrar das fanfarras de trompete tocadas no alto da torre de Karlbad, com as quais são recepcionados os banhistas visitantes.

A dedicação com a qual Padre resolveu todas as dificuldades recebeu o mais caloroso agradecimento dos amantes da arte locais. A execução nada deixou a desejar, todos os talentos colaboraram para tornar o extraordinário compositor apreciado nestas plagas. Esta primeira experiência teve tão bom resultado, que esperamos não seja a última.[1]

De minha parte, considerei como dever utilizar a oportunidade que tinha, sendo o correspondente do *Allgemeine Musikalische Zeitung*, periódico do qual se ocupava o meu grande amigo Rochlitz, ao lado do editor Härtel, tornar esse homem de gênio admirável por fim conhecido no meio cultural europeu, ele que era notado por sua grande modéstia. Foi graças a esta oportunidade que seu nome foi citado pela primeira vez no estrangeiro. Ele tinha o mais que merecido direito a esta honrosa distinção, visto que sua formação era sua própria obra.

O acontecimento nada agradou a Marcos Portugal, sempre contrário a que se apresentasse música outra que a sua própria, principalmente quando obedecia aos cânones clássicos, os quais não sabia dominar.

---

1. *Allgemeine Musicalische Zeitung*, 20/7/1820.

Música Secreta

Debret, Jean-Baptiste
Caderno de Viagem (detalhe p. 7)
AQUARELA, C. 1820. BIBLIOTECA NACIONAL, PARIS

PÁGINA 158:
Debret, Jean-Baptiste
*Uma manhã de quarta-feira Santa
na Igreja da Mãe dos Homens (detalhe)*
AQUARELA, 1827. MUSEUS CASTRO MAYA, RIO DE JANEIRO

PÁGINA 159:
Löschenkohl, Hieronymus
Wolfgang Amadeus Mozart
SCHATTENBILDER, 1785. COLEÇÃO PARTICULAR, VIENA

161

Nº 181 — du catalogue copié

Duo

pour Flute et Pianoforte

composé par

le Chevalier Sigismond Neukomm

(:Grave:)

Ms.7703 (16)

Duo

23 DE MARÇO, 1820

Entusiasmado com o sucesso da fantasia *L'Amoureux*, e inspirado pelo deleite de tocar com o flautista Pierre Laforge, decidi escrever outra peça para flauta e pianoforte. A obra, malgrado ser instrumental, transcorre como se fosse um relato de meu percurso no Novo Mundo.

Para iniciar, elegi a plangente tonalidade de mi menor, a mesma com que me despedi da Europa em *Les Adieux*, após ter perdido minha querida irmã Elisa. O compasso em cinco tempos alude à estrela de cinco pontas, ornamento presente na fachada das lojas maçônicas, estrela guia de minha viagem em direção a este grande país. O desenho melódico é triste, descendente, cada frase terminando em suspense, como se fosse uma pergunta sem resposta. A esperança, traduzida pela modulação para sol maior, aparece fulgurante em escala ascendente no piano. É logo interrompida por acordes pianíssimos, que trazem de volta a melodia angustiada do início.

Música Secreta

A.P.D.G.
Sketches of Portuguese life, manners, costumes and character
GRAVURA, 1826
LONDRES

O Allegro agitato que se segue é o testemunho da clássica forma sonata, de que sou verdadeiramente o primeiro representante nestas plagas. O tema A, viril, inicia-se com o harpejo afirmativo da tríade de mi menor, antes de deixar no ar uma frase interrompida – de novo uma pergunta sem resposta. O tema B, lírico, em sol maior, é inspirado em Papa Haydn, o maior inventor de melodias que o mundo jamais terá conhecido.

A parte central da obra, indicada por mim para ser tocada "religiosamente", é escrita em dó maior – a tonalidade em que fala Deus –, é afirmativa de minha devoção, traduzida na escrita de sete missas, além de diversos outros trechos religiosos, motetos, *et coetera*.

O último movimento, em mi maior, um allegretto scherzando, brincadeira profana, com quatro sustenidos, é a alegoria desencantada de quem critica severamente a música de igreja que por aqui se aprecia, mais parecida com a ópera. Sairei do Brasil mansamente, quase em silêncio, como termina esse meu Duo, com a flauta que suspira duas notas antes de se calar...

Anônimo
A Arquiduquesa Leopoldina
MINIATURA, AQUARELA,
C. 1817
PRESIDÊNCIA DA
REPÚBLICA,
VIENA

São Francisco

11 DE AGOSTO, 1820

"Querido papai,

Nesta oportunidade remeto-lhe uma Missa solene escrita por Neukomm, súdito austríaco e discípulo de Haydn, que merecerá sem dúvida as vossas boas graças; além disso, incluo duas fugas, já que, todos sabemos, esse gênero muito o agrada; meu esposo, que também é compositor, faz-vos presente de uma Sinfonia e Te Deum, escritos por ele; na verdade são um tanto teatrais, o que se deve ao estilo do seu professor, mas o que vos posso assegurar é que ele próprio os compôs sem auxílio de ninguém.

Beijo-vos as mãos inúmeras vezes e com o mais profundo respeito e amor filial, caro Papa, sou vossa filha mui obediente

Leopoldina"

Quando o meu altíssimo aluno, o Príncipe Real, mostrou-me a carta da Arquiduquesa endereçada a seu pai, o Imperador da Áustria, sua intenção era compartilhar o elogio comigo. Com a sua habitual falta de sensibilidade não

❧ Música Secreta ❧

percebeu que, por trás do elogio, era chamado de bufão pela Princesa Real. Como ela não nomeia o professor, presumo que se refira a Marcos Portugal, pois o menos que se pode dizer de minha música de igreja é que é teatral.

Meses antes que Sua Alteza Dona Leopoldina a enviasse a Viena, eu já havia concluído essa grande missa *Sancti Francisci* por seu pedido expresso. O pouco entusiasmo com que recebeu a minha oferenda mostrou-me mais uma vez que não perdoaria jamais minha ligação com o Príncipe de Talleyrand. Como boa filha, queria fazer um agrado a seu pai Sua Majestade Apostólica, o Imperador Francisco I. Quanto a mim, só iria ouvir esta minha obra muito mais tarde, em 1842, na capela particular do imperador em Viena, onde seria executada com a maior perfeição.[1]

Estava eu há muito ausente da Corte de Viena, mas, mesmo assim, estranhar-me-ia o fato de o Imperador ter se dedicado a ouvir alguma obra de seu genro. Quem beberia água colorida podendo se fartar de copioso vinho? Entre as obras ofertadas ao augusto Imperador estavam preciosidades que nasceram de fontes as mais diferentes, mas igualmente ricas, como as que foram concebidas pelos gênios de Bach e Scarlatti, pais respectivos das escolas alemã e napolitana. Se o clima frio da saxônia Dresden era propício a rigorosos exercícios de contraponto e, portanto, engendrou o mestre do estilo fugato, já o calor mediterrâneo de Nápoles alimentou as acrobacias vocais, caras aos mestres da ópera. Na Europa setentrional, como prescreveu o Papa Bento XIV, e como eu bem aprendi na minha formação, em uma obra religiosa, nada de mundano, nada de profano, nada de teatral poderia ressoar. Os luso-brasileiros ignoram a orientação e divertem-se nas cerimônias litúrgicas como se estivessem na ópera e eu sou acusado de ser um mestre enfadonho...

----

1. Neukomm, S. Esquisse Biographique écrite par lui-même, *La Maîtrise*, Paris: Typographie Charles de Mougues. Frères, 1859.

Música Secreta

Anônimo
O Imperador Franz I
GRAVURA, C. 1830
COLEÇÃO PARTICULAR

en Ré ♯

Le Héros

Ouverture caracteristique

à grand Orchestre

composée

par

Sigismond Neukomm

grand

O Herói

19 DE MARÇO, 1821

Meu último ano no Brasil coincidiu com tempos de turbulência na Corte do Brasil, que sofre as consequências da revolução constitucional iniciada na cidade do Porto desde o ano passado, onde se suspeitara estar mais uma vez o dedo dos ingleses. Ao romper do 26 de fevereiro, achou-se a Praça do Rossio[1] juncada de tropas que para ali se deslocaram no silêncio da madrugada. A Câmara foi convocada prontamente à sala grande do Real Teatro de São João, que oferecia a melhor comodidade para acontecimento tão importante. Foi da varanda da casa de espetáculo que Sua Alteza Real o Príncipe D. Pedro leu em voz alta, segundo as ordens de Sua Majestade, o decreto de outorga da Constituição portuguesa ao povo brasileiro. À noite, o Rei e sua família se dirigiram ao mesmo teatro e, depois dos vivas e dos versos dedicados ao evento, ouviu-se *La Cenerentola* de Rossini, e o intervalo entre os dois atos foi animado com um elegante baile.[2] Como já disse, tudo naquela Corte, primeiro a religião, e agora a Constituição, tem algo de teatral, de ópera napolitana.

Música Secreta

Taunay, Felix Emile
Aclamação de S.M. D. Pedro I Imperador do Brasil
GRAVURA AQUARELADA, 1822. FUNDAÇÃO BIBLIOTECA NACIONAL, RIO DE JANEIRO

A retórica serena com que a *Gazeta do Rio de Janeiro* relatou os transportes de prazer e a satisfação com que todos se abraçaram, dando-se mútuos parabéns não corresponde em nada à realidade ou ao que se passou no seio da família real. Considera-se que o retorno do soberano ou do seu filho a Portugal é a única maneira de assegurar-se a continuidade dos Bragança no trono do reino europeu. Com o pesar estampado no semblante, vi Dom João decidido a partir e o Príncipe D. Pedro encontrar-se, aos 24 anos, diante da tarefa de governar o Brasil.

Foi provavelmente pensando no Conde de Hogendorp e em outros heróis jovens, que o Príncipe encomendou-me uma abertura. O título escolhido – *O Herói* – buscava, sem dúvida, enaltecer a sua valentia no enfretamento das convulsões que, nas mais diversas ocasiões, era obrigado a debelar, fez-me lembrar imediatamente da Terceira Sinfonia de Beethoven. Ao contrário do músico de Bonn, que, desiludido quando Napoleão sagrou-se imperador, viu-se compelido a modificar a dedicatória de sua obra, foi com grande gosto que escrevi aquela *Eroica* brasileira em homenagem a esse discípulo que, malgrado as diferenças de temperamento, aprendi a considerar. Transportei

Música Secreta

Debret, Jean-Baptiste
D. Pedro, estudo de alegoria
LÁPIS, 1820–1830. MUSEUS CASTRO MAYA, RIO DE JANEIRO

para a música o seu espírito impetuoso e varonil, traduzido pelo emprego de uma profusão de ritmos pontuados, inicialmente em ré menor, a tonalidade da guerra. O segundo trecho, em ré maior, apresenta a melodia do toque de um trompete clamando pelas tropas. Na orquestração utilizei grande quantidade de metais, bem a seu gosto.

O Príncipe já fizera então algum progresso como compositor, apesar do pouco tempo que pode destinar ao ofício da música. O *Te Deum* que veio a escrever, dedicado a seu augusto pai, mas igualmente enviado por D. Leopoldina ao Imperador Francisco I, será em breve regido por Marcos Portugal na festiva ocasião do batismo de D. João Carlos, o primeiro filho varão concebido por D. Leopoldina.[3]

Solicitou-me ainda que fizesse as anotações e orquestrasse a melodia que concebeu para um *Hino Constitucional*, em louvor à Carta imposta pelos revolucionários do Porto. De espírito liberal, Dom Pedro idealiza fazer desse o hino nacional português. O atual era uma adaptação do final da cantata *La Speranza o sia l'Augurio Felice*, de autoria de Marcos Portugal, composta e oferecida por ocasião do natalício de Dom João em 1809.[4] Decerto, naquele momento o compositor luso almejava bajular seu soberano sem, por outro lado, deixar de fazer a corte aos franceses com quem ainda convivia em Lisboa.

> *Ó Pátria, Ó Rei, Ó Povo,*
> *Ama a tua Religião*
> *Observa e guarda sempre*
> *Divinal Constituição*

> *Viva, viva, viva ó Rei*
> *Viva a Santa Religião*
> *Vivam Lusos valorosos*
> *A feliz Constituição*

> *Venturosos nós seremos*
> *Em perfeita união*
> *Tendo sempre em vista todos*
> *Divinal Constituição*

> *A verdade não se ofusca*
> *O Rei não se engana, não,*
> *Proclamemos Portugueses*
> *Divinal Constituição*

Como consequência da nova ordem, mudou-se todo o gabinete para atender aos constitucionais, que não tinham em boa conta os ministros do antigo regimen. No cargo de Inspetor Geral dos Estabelecimentos Literários assumiu José da Silva Lisboa, o mui culto e capaz irmão pedreiro, colaborador daquela *Notícia Biográfica de Haydn*, a qual fez a gentileza de traduzir sem nem sequer desejar que seu nome fosse mencionado.

---

1. Atual Praça Tiradentes.

2. *Gazeta do Rio de Janeiro*, 28/2/1821.

3. Ayres de Andrade, Francisco Manuel da Silva e seu tempo [2 v.]. *Coleção Sala Cecília Meireles* (1), Rio de Janeiro: Edições Tempo Brasileiro Ltda., 1967, v. 1, p. 36.

4. Disponível em: http://www.simbolosportugueses.com/modules/artigo/item.php?itemid=4

~ Música Secreta ~

Charles Simon Pradier
D. Pedro
GRAVURA, C. 1839
COLEÇÃO PARTICULAR

PÁGINA 171:
Debret, Jean-Baptiste
D. Pedro, estudo
LÁPIS, 1820–1830
MUSEUS CASTRO MAYA,
RIO DE JANEIRO.

Debret, Jean-Baptiste
Debret na Pensão (detalhe)
AQUARELA, 1816
MUSEUS CASTRO MAYA,
RIO DE JANEIRO

AO LADO:
Debret, Jean-Baptiste
*Caderno de Viagem
(detalhe p. 12)*
AQUARELA, C. 1820
BIBLIOTECA NACIONAL,
PARIS

Naufrágio da Missão

A perda do dileto amigo o Chevalier Joachim Le Breton havia me deixado ainda mais solitário nessas paragens tão exóticas para quem nascera nos limites alpinos de eterna brancura, cujos horizontes são feitos ora de tropical verdura, ora de mares infinitos. É como se aquela que não ouso dizer seu nome se divertisse a ceifar as grandes almas dessa Corte, aquelas com as quais mais me irmanava: primeiro, o Conde da Barca e, depois, meu amigo francês. Le Breton havia sido uma das primeiras pessoas que conheci ao chegar em Paris no ano de 1809. Tê-lo ao meu lado era, além do brilho de uma mente esclarecida, a segurança de que a cultura francesa, que chegara pioneira a um novo hemisfério, poderia garantir meu retorno imaginário ao Velho Mundo sempre que tomado de saudades.

O passamento do Conde da Barca, desaparecido desde aquele trágico 21 de junho de 1817, mostrou-se fatal ao projeto da Escola Real, que parece fadado ao banho-maria. MM. De Bret, Montigny e Auguste Taunay, o escultor, tem realizado vários trabalhos para Sua Majestade, desde arcos do triunfo para festejar a chegada da Arquiduquesa em 1817, aos atavios para a Aclamação de Sua Majestade, como um magnífico Templo de Minerva, mas as classes não começavam e o prédio da Escola continuava na planta...

Desconfio que os ministros portugueses sucessores do Conde da Barca estão certos do retorno iminente da corte a Lisboa. Este foi o caso do Senhor Barão de Itaguaí,[1] praticamente um inválido, incapaz de se mover devido ao ordálio da gota, que permaneceu apenas seis meses no poder. Seu substituto, Vila Nova Portugal,[2] pouco interesse tem pelas artes e o estabelecimento da Escola passou a depender do tesoureiro-mor, o Visconde de São Lourenço,[3] homem muito mal afamado. Esse Visconde é alvo de várias quadrinhas, entre elas esta que o povo cantava pelas ruas:

> *"Quem furta pouco é ladrão,*
> *quem furta muito é barão,*
> *quem mais furta e não esconde*
> *passa de barão a visconde."*

A morte do Chevalier Le Breton em 9 de junho de 1819 levou a uma nova disputa entre MM. De Bret e Taunay, pintor. Data de então a escolha salomônica e esperta de São Lourenço para uma terceira pessoa. Esse astuto e rico dono das finanças, que havia traduzido o poeta Alexander Pope,[4] além de chegado às rimas, sendo abertamente defensor dos ingleses, lembrou-se de seu ilustrador português, um tal Henrique José da Silva que havia feito uma efígie de Pope para o frontispício de sua tradução e desenhara os retratos do Duque de Wellington e do não menos todo-poderoso Marechal de Beresford, uma espécie de Vice-Rei de Portugal.

Sem Le Breton, instala-se mais uma vez a situação de caos entre os franceses. A Escola Real, ainda sem um edifício próprio, recebe por decreto um novo nome e passa a ser Academia Real de Desenho, Pintura, Escultura e Arquitetura Civil. O mesmo decreto de 1820 confirma os estipêndios, felizmente pagos com pontualidade, aos professores De Bret, Montigny e os Taunay, escultor e pintor.[5] Mas sei que esse último quer, como eu, retornar à Europa. Confesso que permaneço aqui apenas por apreço a Sua Majestade Fidelíssima, Dom João. Sinto, porém, que aumenta a pressão portuguesa e inglesa para o retorno da dinastia a Portugal e, neste caso, partirei também.

Alphonse Boilly
Retrato de Nicolas-Antoine Taunay
LITOGRAFIA, 1822
COLEÇÃO PARTICULAR

✦ Música Secreta ✦

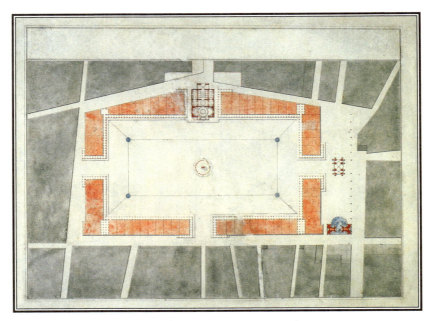

Montigny, Grandjean *Projeto para o Campo de Santana*

PÁGINA AO LADO:
Projeto para o Palácio Imperial
NANQUIM E AQUARELA
MUSEU D. JOÃO VI, ESCOLA DE BELAS ARTES/UFRJ,
RIO DE JANEIRO

1. João Paulo Bezerra de Seixas (1756–1817) foi primeiro-ministro do Reino Unido de 23 de junho a 29 de novembro de 1817.
2. Tomás Antônio de Vila Nova Portugal (1755–1839).
3. Francisco Bento Maria Targini (1756–1827).
4. Trata-se do *Essay on Man* (Ensaio sobre o Homem) de 1734.
5. Nicolas-Antoine Taunay, o decano dos artistas franceses — nisso residia suas desavenças com Le Breton e De Bret, sentindo-se muitas vezes desprestigiado —, será um dos primeiros a retornar a Europa. Ao partir na companhia do filho mais velho, Auguste-Marie, veterano das campanhas de Napoleão I e principal razão de sua vinda ao Brasil — em 1821 (mesmo ano da volta de Dom João VI a Portugal e da morte de Bonaparte na ilha de Santa Helena), é ele quem deixará maior descendência no Brasil. Seus outros quatro filhos (Félix-Emile e Adrien-Aimé, ambos artistas, Thomas-Marie, escritor, Théodore-Marie, diplomata) fixaram-se no Rio de Janeiro e foram morar com o irmão do pintor, o escultor Auguste-Marie. Félix-Emile futuro barão, foi diretor da Academia e, alcançando mais do que seu pai teria sonhado, preceptor de Dom Pedro II.

Addio

14 DE ABRIL, 1821

*"Peço-vos perdão amigos, se não me despedi
com minha dor e com meu pranto não vos queria perturbar.
Desejo, então, que os acordes do céu tragam dias serenos e honrados
que o zelo, com o coração agradecido não cessará de implorar.
Adeus, adeus"*
(Baía do Rio de Janeiro, a bordo da *Matilde*, 14 de abril de 1821, às 18 horas)[1]

Quando soube, em março de 1821, da decisão de Sua Majestade de retornar à Europa, comecei os preparativos de minha própria partida, certo de que não deixo saudades aos cortesãos portugueses e brasileiros, que, exceto pelo afável e genial José Maurício, nunca compreenderam minha arte e para quem a sublime música não passa de um divertimento...

*"O que é que soa tão alegremente no templo,
Como se hoje fosse a festa de Baco?*

Lá saltam os sátiros, os faunos, os bodes
E os senhores e os mestres da velha guarda?…
Trá, lá, lá, lá, lá! Trá, lá, lá, lá, lá!
É mesmo uma magnífica melodia!
Com estes tão alegres encantos para os ouvidos
A gente resiste bem horas e horas
'Pare malfeitor!, O que dizes
De faunos e bruxas et coetera?
Nós aqui cantamos e tocamos tudo junto
Um ofício fúnebre para a bem-aventurada —
Mas se vós cantais de maneira tão alegre o canto de morte,
Como soa então o vosso canto de júbilo?
'Oh céus, ele soa… o que ele quer esse imbecil?
Ele se acha bem mais inteligente que o Orfeu?
Que ele aprenda conosco esse joão-ninguém
E que ele não se considere o mestre e nem nos critique
Que ele fique com os seus hábitos
O que ele nos contesta com a sua salmodia?
Nós que cantamos tão alegremente, oh, iê!
O Incarnatus e o Suscipe.
Isto faz com que sejamos venerados pelos nobres e pelos humildes
E nos dá a glória e dinheiro em abundância:
E todos aqueles que não se submetem à nossa maneira
Empobrecem, apodrecem e morrem de fome por aqui.'
Oh, caros senhores! — se esta é a minha recompensa,
Então eu pego a minha mala e vou-me embora!
Logo, não vereis mais a minha cara enfadonha:
Toquem alegremente, senhores, eu não vos estorvarei mais."
Rio de Janeiro, 25 de março de 1821.[2]

Parti, portanto, do Rio de Janeiro, em 15 abril, 11 dias antes de SS. MM. Os ventos retiveram nosso navio por mais de oito dias na costa brasílica e, passados 22 dias, fomos obrigados a arribar em Pernambuco para abastecimento de víveres.

~ Música Secreta ~

Nosso navio estava em tão mau estado que, diante de pedidos reiterados dos marinheiros, o comissário de Marinha da Província não o considerou capaz de enfrentar o mar. O comandante alegou que a fragata ainda poderia terminar a viagem, e seguiu mesmo assim. Meu amigo Meroni e eu, confiando na Providência, continuamos nosso périplo para Lisboa. Chegamos ao final de 82 dias, depois de uma viagem sem escalas e aborrecida. Eu sofri, durante todo esse período, de febre, consequência de uma insolação que tivera em Pernambuco após uma cavalgada que fiz com o General Governador dessa província. Mas qual não foi minha alegria ao reencontrar Sua Majestade o Rei do Brasil, em Lisboa, onde tinha chegado com a família antes de mim. Era como se Sua Real Pessoa tivesse o poder da ubiquidade e, em sua provecta generosidade deu-me, durante a minha audiência de adeus, a graça de receber a Ordem portuguesa do Cristo e, não satisfeito, mandou-me mais tarde, em Paris, a Ordem da Conceição, desenhada por M. De Bret, instituída por si no Brasil.[3]

---

1. In Bernardes, Ricardo (Org.) *Música no Brasil, sécs. XVIII e XIX, v. III – Corte de D. João VI, obras profanas de José Maurício Nunes Garcia, Sigismund von Neukomm, Marcos Portugal.* Rio de Janeiro: Funarte, 2002, p. 157–158.
2. Beduschi, L. O Räthsel-Kanon für 8 singstimmen de Sigismund Neukomm, *Anais do VII Encontro de Musicologia Histórica*, Juiz de Fora, 2008.
3. Neukomm, S. Esquisse Biographique écrite par lui-même, *La Maîtrise*, Paris: Typographie Charles de Mougues Frères, 1859.

Debret, Jean-Baptiste
Partida da Rainha D. Carlota para Portugal
GRAVURA, PRANCHA 46 DO TERCEIRO VOLUME DO
ÁLBUM, 1839
VIAGEM PITORESCA, FIRMIN DIDOT,
PARIS

Martens, Conrad
A pedra da Gávea
AQUARELA, 1833
COLEÇÃO KERRY STOKES,
PERTH

Boys, Thomas Shotter
A Ponte Real e as Tulherias vistos do Instituto de França, Paris
AQUARELA, 1832
THE MORGAN LIBRARY
& MUSEUM,
NOVA IORQUE

AO LADO:
Sequeira, Domingos António
Retrato de D. Pedro IV
DESENHO, 1826
MUSEU NACIONAL
DE ARTE ANTIGA,
LISBOA

Finale

O retorno a Paris não me apaga da memória a generosidade de suas majestades o Rei D. João e o Imperador D. Pedro, cuja Aclamação saudei em 1822 com uma Marcha Imperial na tonalidade simbólica de mi bemol maior. Escrevi, ainda, no ano seguinte, obras em homenagem a seus irmãos, o Príncipe D. Miguel e a Princesa D. Isabel Maria, agora residentes, como o Rei seu pai, em Lisboa, mas é a D. Pedro que devoto a lealdade determinada pela fraternidade maçônica.

"Paris, 10 de março de 1827
Senhor!
Deposito aos pés de Vossa Majestade a Sinfonia que me havia encomendado e com a qual ouso respeitosamente homenageár-lhe.
Rogo aos céus que conserve durante longos anos os dias preciosos de Sua Majestade e que lhe cumule de todas as bênçãos.

Sou, com o mais profundo respeito e devoção absoluta,
Senhor
de Sua Majestade
o mais humilde, obediente e fiel servidor
Sigismond Neukomm"[1]

Tive a felicidade de reencontrar D. Pedro quando de seu exílio europeu após ter deixado definitivamente o Brasil, forçado que foi a abdicar ao trono em prol de seu filho D. Pedro II.[2] O incansável guerreiro teria ainda que lutar com seu irmão D. Miguel, partidário da monarquia absoluta, pela prevalência do governo constitucional, conforme o credo das mentes esclarecidas.

Sempre tive em minha alma a presença cálida daqueles trópicos. Oito anos depois do passamento de D. Pedro, em setembro de 1842, fui honrado com o convite para proferir o discurso de inauguração da estátua em homenagem a meu concidadão Mozart, morto há 50 anos. Na qualidade de membro do comitê, encomendaram-me a elaboração do palco para a orquestra que tocaria durante três dias seguidos. Fui forçado a acompanhar minuciosamente a construção, tal era a inexperiência dos operários encarregados de construí-lo.[3]

Naqueles dias maravilhosos, em pleno outono, com o sol se refletindo nas folhas douradas, as montanhas que circundam Salzburgo me faziam pensar nas do Rio de Janeiro. Na presença de Sua Majestade Imperial Caroline Charlotte da Áustria, tive a ousadia de prestar um tributo também àquele que fora meu protetor no Rio de Janeiro, o saudoso Dom João. Ao vestir meu grande uniforme de veludo carmesim do antigo cerimonial da Corte do Reino Unido de Portugal e Brasil, fui tomado de emoção ao lembrar aquela corte tropical na qual esse traje de gala parecia tão exótico e desconfortável debaixo do sol abrasador. Apliquei nas vestes minhas várias condecorações estrangeiras: a Cruz da Legião de Honra, aquela que primeiro me enobrecera com o título de Chevalier de Neukomm, e as estimadas ordens luso-brasileiras do Cristo e da Conceição, cujo desenho era de autoria do pintor de história francês Jean-Baptiste De Bret, meu contemporâneo na aventura brasileira.

Foram três toques de fanfarra os que me anunciaram. Não pude, então, deixar de sentir imenso orgulho ao ver a curiosidade com que me olhava o Príncipe-Arcebispo de Salzburgo, Friedrich Johannes Joseph von Schwarzenberg, um olhar que se juntava ao dos milhares de espectadores ali presentes. Entre eles, os irmãos Karl Thomas e Frans Xaver Mozart, este meu antigo discípulo, que como todos se emocionaram ao verem o cortejo passar pela venerada casa amarela, na Getreidegasse, 9, onde nascera o pai deles. O monumento foi descoberto, as trombetas soaram, salvas ribombaram; a turba – mineiros de Hallein, pedreiros, estudantes, além dos membros das guildas, atrás dos estandartes de suas corporações – jubilava emocionada com a inauguração do memorial para o qual todos contribuíram cantando o hino que compus especialmente para a ocasião, Áustria! Salve, cara pátria!

Coube a mim dirigir a *Missa da Coroação* em dó maior do grande Mozart e, no dia seguinte, às 9 horas da manhã, o magnífico *Réquiem* aposto do Libera Me escrito por mim naquele outro hemisfério, naquele outro mundo tão distante, onde muitos anos antes tivera a felicidade de conviver com afáveis criaturas. Despedi-me da terra natal, à qual nunca mais tornaria, com os versos que cantei ao navegar pela derradeira vez nos mares tépidos e revoltos da terra de Santa Cruz.

Qual se a notte tempestosa
Segue fresca e bella Aurora
Cosi l'alma a noi ristora
Vaga Emilia il tuo sembiante
Dopo lungo ed aspro mar. [4]
(Como após uma noite tempestuosa / Segue fresca e bela a Aurora, /
Assim a alma nos conforta,
Vaga Emilia, teu semblante, / Após longo e áspero mar.)

1. Carta de S. Neukomm a D. Pedro. Manuscrito I-POB-10–03–1827-Neu.m do Arquivo do Museu Imperial de Petrópolis.
2. Carta de S. Neukomm, datada de 4/7/1831. Manuscrito I-POB-04–07–1831-Neu.c 1-2 do Arquivo do Museu Imperial de Petrópolis.
3. Neukomm, S. Esquisse Biographique écrite par lui-même, *La Maîtrise*, Paris: Typographie Charles de Mougues. Frères, 1859.
4. Neukomm, S. "A Emilia", canção escrita em Pernambuco em 13 de maio de 1821, manuscrito Biblioteca Nacional da França Ms. 7697(9).

Sire!

Je mets aux pieds de Votre Majesté une Sinfonie qu'elle m'avoit ordonné de composer et dont elle a daigné agréer l'hommage respectueux.

Je prie le ciel de conserver pendant de longues années les jours précieux de Votre Majesté et de la combler de toutes ses bénédictions.

Je suis avec le respect le plus profond et

et avec le dévouement le plus absolu

Sire

de Votre Majesté

le très humble, très obéissant et très fidèle serviteur

Sigismond Neukomm.

Paris, 10 Mars 1827.

PÁGINAS ANTERIORES:

Neukomm, Sigismund
Carta a D. Pedro

ACERVO DO MUSEU IMPERIAL
DE PETRÓPOLIS
MANUSCRITO
I-POB-10–03–1827-Neu.M
PETRÓPOLIS

CRONOLOGIA

1778-1838

1778 {10 de julho} Nasce Sigismund Neukomm em Salzburgo, Áustria.

1785 Torna-se discípulo de Franz-Xaver Weissauer, organista da Catedral de Salzburgo.

1790 Estuda teoria com Michael Haydn (1737–1806), irmão de Joseph e sucessor de Mozart como organista da corte de Salzburgo.

1794 É nomeado organista titular da Igreja da Universidade de Salzburgo, onde estudava filosofia e matemática.

1796 Torna-se regente do coro do Teatro da Corte em Salzaburgo.

1797 a 1804 Em Viena, é discípulo de Joseph Haydn.

1804 a 1808 Em São Petersburgo, inicia-se na maçonaria (Amadeus Mozart já o fizera em 1784 e Joseph Haydn em 11 de fevereiro de 1785).

1806 É eleito membro da Academia Real de Estocolmo.

1809 {31 de março} Joseph Haydn morre em Viena.

{março} Viaja pela primeira vez à França (Montbéliard, domínio dos Würtemberg), na companhia de um amigo íntimo conhecido em São Petersburgo.

1810 Estabelece-se em Paris, onde faz amizade com Cherubini, Gossec, Grétry e Monsigny.

1812 Sucede a Dussek como musicista de Talleyrand, ministro dos Negócios Estrangeiros de Napoleão.

1814 Parte com Talleyrand para o Congresso de Viena.

1815 {21 de janeiro} Sua *Missa de Réquiem* em memória de Luís XVI é tocada na Catedral de Santo Estêvão em Viena, durante o Congresso.
{31 de janeiro} À guisa de reconhecimento, é feito Cavaleiro da Legião de Honra e enobrecido por Luís XVIII.
{8 de julho} Entrada triunfal do rei Luís XVIII em Paris; execução de seu *Te Deum* na catedral de Notre Dame.
{16 de dezembro} Elevação do Brasil a Reino, unido a Portugal. Antonio de Araújo e Azevedo, idealizador do Reino Unido, é feito Conde da Barca.

1816 {22 de janeiro} Embarque da Missão Artística Francesa no brigue Calpe, de bandeira americana.
{1° de março} Escreve *O Adeus de Neukomm a seus amigos quando de sua partida para o Brasil* para pianoforte.
{20 de março} Falece a Rainha D. Maria I.
{2 de abril} Embarca para o Rio de Janeiro na fragata *Hermione*, na comitiva do Duque de Luxemburgo, enviado como Embaixador extraordinário do Rei Luís XVIII de França.
{maio} Escreve diversos motetos a bordo da *Hermione*.
{23 de maio} Escreve *La Blosseville* para a banda de sopros da fragata.
{31 de maio} Chega ao Rio a bordo da fragata *Hermione*.
{28 de julho} Escreve o Glória da *Missa de São João*.
{5 de setembro} Escreve a *Marche chevaleresque et religieuse* para a festa da Ordem do Cristo.
{16 de setembro} Nomeado professor público de música do Rio de Janeiro.

{20 de setembro} Partida da Hermione para a França, levando o Duque de Luxemburgo e sua irmã, a Duquesa de Cadaval.

{27 de setembro} Escreve a *Marche Triomphale à grand orchestre militaire* dedicada ao Príncipe D. Pedro.

{13 de novembro} Visita do marquês de Marialva à Arquiduquesa Leopoldina da Áustria.

{13 de novembro} Escreve o noturno *Quell'alma severa* (texto de Metastasio).

{16 de novembro} Escreve a *canzonetta Se son lontano* (texto de Metastasio).

{29 de novembro} Celebra-se o contrato de casamento entre a Arquiduquesa Leopoldina e D. Pedro.

1817 {7 de fevereiro} Escreve *Blumen auf Elisens Grab* [Flores para o túmulo de Elisa], em homenagem à sua falecida irmã (texto de Tiedge).

{18 de fevereiro} Formaliza-se o pedido de casamento à Arquiduquesa Leopoldina pelo Marquês de Marialva.

{6 de março} Eclode a revolução separatista de Pernambuco, de inspiração maçônica.

{18 de março} Escreve *L'allegresse publique*, em homenagem à Aclamação de D. João VI, adiada por causa da revolução.

{3 de abril} Inicia a escrita da *Missa Solemnis pro Die Acclamationis S. M. Johannis VI*, a quarta de sua autoria, em homenagem à Aclamação de D. João VI, que acontecerá apenas em fevereiro de 1818.

{25 de abril} Escreve o hino marcial *Valerosos Lusitanos*, para encorajar as tropas reais (texto de Francisco Bento Maria Targini, o Barão de São Lourenço).

{13 de maio} Cerimônia de casamento de D. Leopoldina em Viena. Aniversário de D. João.

{26 de maio} Festa pela celebração do casamento de D. Pedro e D. Leopoldina.

{1 de junho} Grande banquete oferecido pelo Marquês de Marialva em Viena.

{14 de junho} Notícia do fim da revolução de Pernambuco.

{21 de junho} Falece o Conde da Barca.

{22 de junho} Escreve a *Marcha Fúnebre* em homenagem ao Conde da Barca.

{julho} Escreve o Noturno para pianoforte, oboé e trompa.

{5 de novembro} Desembarque da Princesa Leopoldina e bênção matrimonial.

{6 de novembro} Escreve a *Missa Solemnis sub titulo Sti. Leopoldi*, em homenagem à chegada da Princesa Leopoldina ao Rio.

195

❧ Música Secreta ❧

{23 de novembro} Escreve *Variações para Pianoforte com acompanhamento de violoncelo*, sobre um tema de Kozeluch, a pedido da Princesa Leopoldina.

1848 {19 de janeiro} Escreve a *Marche à grand orchestre militaire* em homenagem ao natalício da Princesa Leopoldina.
{6 de fevereiro} Aclamação de D. João VI.
{março} É acometido de febre tísica.
{13 de maio} Escreve a *Missa Brevis duabus vocibus* em homenagem ao Dr. Keller, um dos médicos a quem deve a cura de sua doença.
{6 e 7 de agosto} Escreve o Laudamus Te e o Quoniam da *Missa da Aclamação*.
{29 de agosto} Festas da degolação de São João na Fazenda de Santa Cruz: duelo musical entre José Maurício e Marcos Portugal.

1819 {fevereiro} Escreve 13 Marchas para Orquestra Militar.
{5 de abril} Nasce D. Maria da Glória, primeira filha de D. Pedro e D. Leopoldina, futura Rainha Maria II de Portugal.
{12 de abril} Escreve *L'amoureux – Fantasia para pianoforte e flauta*.
{3 de maio} Escreve *O Amor Brazileiro – Capricho para pianoforte sobre um lundu brasileiro*.
{10 de julho} Escreve *Le retour à la vie – Grande Sonata Característica para pianoforte*.
{9 de setembro} Morre Joachim Lebreton, o chefe da Missão Artística Francesa.
{13 de setembro} Escreve seis variações sobre uma contradança inglesa, para pianoforte, na mesma época do grande baile oferecido pelos Barões de Langsdorff.

1820 {23 de março} Escreve o Duo para flauta e pianoforte.
{1º de julho} Escreve *L'amitié et l'amour – Deux esquises pour le pianoforte*.
{17 de outubro} Chegam ao Rio as primeiras notícias da revolução liberal portuguesa.
{8 de novembro} Escreve a *Missa Solemnis sub titulo Sti. Francisci*, oferecida pela Princesa Leopoldina a seu pai, o Imperador Francisco I da Áustria
{21 de dezembro} Escreve a Primeira Sinfonia em terras brasileiras.

⚜ Música Secreta ⚜

1821 {24 de janeiro} Escreve o *Libera me Domine*, para finalizar o *Réquiem* de Mozart regido pela primeira vez por José Maurício, no Rio.
{26 de fevereiro} A Constituição portuguesa é jurada por D. João e D. Pedro.
{18 de março} Escreve *O Herói – Abertura característica para grande orquestra*, por encomenda de D. Pedro.
{25 de março} Escreve o cânone a oito vozes, com o texto: *C-a-ca, p-r-i-pri, capri, c-o-r-cor, capricornia / Carioca, Corcovado vado vado / Addio, addio.*
{31 de março} Orquestra o Hino Constitucional escrito pelo Príncipe Dom Pedro em louvor à Carta imposta pelos revolucionários do Porto, adotado como hino português a partir de 1834.
{7 de abril} Escreve *Les adieux de Neukomm à ses amis à Rio de Janeiro*.
{14 de abril} Escreve *Addio!*, na baía do Rio de Janeiro, a bordo da fragata *Mathilde*, às 6 horas da tarde.
{15 de abril a 7 de maio} Faz a travessia do Rio a Pernambuco.
{13 de maio} Escreve *A Emília [Qual sia notte tempestosa]* em Pernambuco. Recebe em Lisboa, das mãos de D. João, as insígnias da Ordem da Conceição, criada pelo soberano no Rio de Janeiro, e cujo desenho é de autoria de Debret.
{6 de setembro} Embarca em Lisboa para o Havre.
{22 de setembro} Chega ao Havre.
{23 de outubro} Chega a Paris.

1822 {20 de dezembro} Escreve a *Marcha Imperial para grande orquestra*, por ocasião da Aclamação de D. Pedro I como Imperador do Brasil.

1823 {20 de julho} Escreve a *Marcha para grande orquestra*, para SAR o Infante D. Miguel.
1823 {31 de dezembro} Escreve seis variações sobre *C'est l'amour, l'amour*, para pianoforte, para SAR a Infanta D. Isabela Maria.

1824 a 1825 Acompanha o Príncipe de Talleyrand em seus diversos deslocamentos pela França (Paris, Surêne, Chateau de Verneuil, Saint-Fargeau, Valençay, Marselha).

1826 {março a agosto} Chega à Itália e visita Florença, Roma e Nápoles.
{setembro} Chega a Lausanne.

→ **197** ←

Música Secreta

1826 a 1827 Visita Valençay, Paris, Surêne.

1827 {julho a setembro} Chega à Bélgica e Holanda.

1828 {23 de março} Conclui em Paris o oratório *Os Dez Mandamentos*.

1829 {7 de abril} Primeira de suas viagens à Inglaterra.

1829 a 1833 Visita diversas cidades na Inglaterra, que alterna com Paris.

1833 a 1841 {agosto} Visita 30 cidades da Inglaterra, França, Prússia, Suíça, Holanda, Áustria.

1842 {setembro} Retorna a Salzburgo, encarregado de proferir o discurso por ocasião da inauguração do monumento em homenagem a Mozart, cerimônia para a qual veste o uniforme da corte portuguesa.

1843 Realiza arranjo para piano do Hino Constitucional escrito por D. Pedro em 1821 para SAR a Princesa de Joinville, nascida Francisca de Habsburgo-Bragança, irmã de D. Pedro II, por ocasião de sua chegada em Paris em 1843.

1844 a 1857 Visita mais de 40 cidades da França, Inglaterra, Áustria, Prússia, Boêmia.

1858 {3 de abril} Falece em Paris aos 80 anos.

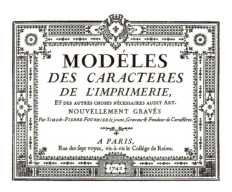

Colophon

*Esta obra foi editada
na primavera de 2009, na cidade de
São Sebastião do Rio de Janeiro.
Composta em tipos Fournier,
inspirados nas fontes criadas por
Pierre-Simon Fournier no fim
do século XVIII*

ACIMA:

PIERRE-SIMON FOURNIER
MODÈLES DE CARACTÈRES DE
L'IMPRIMERIE
ET DES AUTRES CHOSES
NÉCESSAIRES AU DIT ART,
PARIS, 1742

CIP-BRASIL. CATALOGAÇÃO-NA-FONTE
SINDICATO NACIONAL DOS EDITORES DE LIVROS, RJ

L297m

Lanzelotte, Rosana, 1951-
    Música secreta / texto Rosana Lanzelotte ; designer
Victor Burton. - 1.ed. - Rio de Janeiro : Arte Ensaio, 2009.

    ISBN 978-85-60504-13-8

    1. Neukomm, Sigismund , 1778-1858 - Viagens - Brasil.
2. Compositores - Áustria - Biografia. 3. Pianistas - Áustria -
Biografia. 4. Brasil - História - Período colonial, 1500-1822.
I. Burton, Victor, 1956-. II. Título.

09-5773.   CDD: 927.8168
                              CDU: 929:78.071.1

05.11.09   13.11.09   016187